「持続可能性」の言説分析

知識社会学の視点を中心として

山田肖子 編著

東信堂

はじめに

山田肖子

　今日、「サステナブル」「SDGs（持続可能な開発目標）」「持続可能性」という言葉は、我々の日常にすっかり入り込んでいる。2021年には、SDGsが年末の流行語大賞にノミネートすらされ、いまや“サステナビリティ”に配慮した企業の商品を買ったり、ちょっと“エシカル（＝道義的）”な暮らしをしたりすることがオシャレですらあるようである。流行をけん引する俳優やモデルといった人々が、自然の中でものを大事にしながら丁寧な暮らしをする様子や、食材や服一つでも、加工や製造過程で、途上国の労働者から不当に搾取したり、動物を必要以上に苦しめていない商品を選ぶ様子が伝えられる。それらが美しい映像とともに伝えられることによって、サステナビリティはもはや、時代のファッションになりつつあるようにも見える。

　従来、企業は、その社会的責任（CSR=Corporate Social Responsibility）として、社会貢献活動に取り組むことが必要とされてきたが、それはモノやサービスを売るという企業の本体業務と同等に扱われることはほとんどなかった。資本主義経済のなかで、消費者である個人がする合理的選択とは、商品やサービスの価格や機能において比較優位性の高いものを購入することであり、企業は、そうした消費者の欲求に、より的確にタイムリーに応えることで利潤を追求するのだと考えられてきた。そうした資本主義の原理からすれば、企業の社会貢献活動は、多くの消費者の購買行動に影響するのでない限り、それ自体がいかに社会的な意義が高くとも、企業が本腰を入れる動機を持ちにくかった。しかし、現在では、テレビ等のCMを見ていても、製品そのものに使われる原料やその製造過程、性能などがサステナビリティに配慮している、というアピールがなされることが一般化しつつある。従来のように、営利活動とは切り離したところで社会貢献のことも考えています、というので

はなく、営利活動を通してサステナビリティに貢献しようとする企業の姿勢
が、商品や企業価値の評価につながるという認識が企業の中に生まれつつあ
るようだ。これは、資本主義経済の根幹にある生産と消費の連鎖そのものに
サステナビリティの概念や価値観が影響していることを示しているのだろう
か？

　経済活動だけではない。サステナビリティ概念の普及はメディアや学校教
育を通じても進められている。2020 年から順次改訂されている幼稚園以降
の教育段階の学習指導要領では、持続可能な社会を生きていく子どもたちに
次世代の担い手としての能力・知識・技能・態度・価値観を養成する必要が
あることが明文化されている。社会科、理科、技術家庭科、道徳など、特定
の科目の中で持続可能性を教えるのに加えて、科目間の連携やカリキュラム
外活動も含めた学校生活全体を通して、持続可能な社会を担う能力や態度の
育成をすることが謳われている。テレビの情報番組で、"SDGs な活動"をし
ている人や団体の紹介をするシリーズなども出てきた。

　このように、いまや我々の生活のあらゆる場面でサステナビリティ、持続
可能、SDGs のワードが飛び交っているのだが、結局のところ、我々はそれ
を何のことだと思っているのだろうか。二酸化炭素の排出量を減らす、温暖
化を抑止するといった、環境問題に対する貢献のことなのか。あるいは、世
界の平和や途上国の貧困削減について考えることがサステナブルな社会への
貢献なのか。はたまた、消費者として賢い判断をすることなのか。究極的に
は、他人に思いやりを持つ人であるということが、持続可能は社会の担い手
としてあるべき態度ということなのか。

　その意味合いについての明確な合意は必ずしも存在しないのに、人々は、
自らの発言や文章が時流に乗っていることを誇示するかのようにこの言葉
を用い、そのことが更にこの言葉がいかにも普遍的だという印象を生み出
す。しかし、実際に人々がこの言葉を用いて語ろうとする内容は多様である。
それもそのはずである。2015 年に国連サミットで採択され、この「持続可能
性」言説のすそ野を大きく広げる契機となった SDGs には貧困削減、産業育

成、雇用創出、保健・健康、居住、資源保全、環境保護など、17 もの多岐にわたる目標があり、目標を具体的な分野に落とし込んだ「ターゲット」が 169 もある。つまり、人間の社会的活動は全て何らかの形で SDGs の目標やターゲットのどれか（多くの場合は複数）に当てはまると言っても過言ではないのである。

　しかし、このように何にでも当てはまりそうな「持続可能性」概念も、人々が使っているうちに、一定の傾向性が出てくる。なぜなら、言葉は、単独で使われることはなく、常に関連する他の言葉やフレーズとともに「〇〇という持続可能性」「持続可能性を達成するために××を行う」といった意味付けが行われるからだ。

　たとえば、この本の読者の多くも、はじめて「持続可能性」という言葉を聞いたり読んだりしたときは、意味が分からなかったのではないか。だから、その言葉が使われた状況や、その周辺の文章を読むことで、およそどういう概念であるかを推測する。ただ、そのテレビニュースが耳に引っかかったり、パンフレットが目にとまったりするのは、自分の中にもともとある関心に何等かのかたちで触れているからだ。だから、同じ番組や文書から「持続可能性」という概念に触れた人は、似たような関心をもともと持っていると言える。それが仕事に関係した関心か、学校の課題か、趣味なのかは分からない。しかし、どうやら最近、よく使われている流行りの言葉のようだし、大体どういうときに使われるかもわかったので、「次から自分も使おう」と思うかもしれない。そして、関心を共有しそうな人たちに対して、その用語を散りばめて会話や文書のやり取りをするようになる。その際、最初に覚えた使い方か、その延長線上で少し自分なりに応用した使い方をするので、特定の専門性や関心を持った人々の間で、「持続可能性」という言葉の意味付けが似てくる傾向がある。例えば学校教育の関係者が思う「持続可能性」と、企業の社員が思うそれは含意が違うかもしれない。あるいは、企業の社員でも、百貨店と自動車の製造販売をしている企業では、言葉の使われ方が違うかもしれない。私のように、発展途上国の開発に関わる研究をしてきた者には、ま

た少し違った見え方がある。

　「耳慣れないが、流行りっぽい」言葉というのは、多くの人に使われることによって、その言葉の意味自体が作られていく。しばしば、哲学者や思想家は、自らの考えを伝えるために、もったいぶった造語や一般的でない言葉を使うことがある。聞いたり読んだりする受け手は、煙に巻かれて、「よく分からないがご高説を賜った」という感じになってしまうかもしれない。一方、新しい考え方を提案したい人々は、耳慣れた言葉で平易に語ろうとすることで、受け手がその言葉に対して持っている経験やイメージ、社会に共有化された通念に引きずられて、新しいはずの提案を古い思考枠組みの中に矮小化されることを嫌う。つまり、新しい言葉というのは、その言葉が何を指し示すのかについて、共通認識（価値観）が醸成され、それに沿った人々の行為、その行為を反映した社会の仕組み（制度）が生まれる可能性を秘めているのだ。

　「持続可能性」は、21世紀に入ってから顕著にグローバル社会での言葉のやり取りを通じた価値形成をもたらしている"流行り言葉"である。これほど分かりやすく多くの人に言及される言葉はないだろうと、私は2012年頃からこの概念の形成過程に関心を持ってきた。「持続可能な社会の実現」という、漠然とした大風呂敷な言葉を用いて、世界中の人々が、自らの見解を示し、他者の見解を引用したり修正したりする過程が繰り返される。そのなかで、漠然とした言葉には、その使い手の経験や信条に基づいて特定の新しい意味が付け加えられ、さらに、同じような意味合いでその言葉を使って見解を交わす人々の間で、「持続可能性」についての共通認識が形成されていく。

　言い換えれば、「持続可能性」という言葉は、多様な関心を持つ人々をつなぐ符牒である。そしてその符牒を使って考えを表明したいという個人や集団が参加する認識上の空間（Epistemic space）が生まれる。メタバースの言語版、とでも言えば分かりやすいだろうか。言葉でつながれた人々が共有する空間では、メタバースと違い、そこに参加する人々は、アバターという人格を持つわけではない。しかし、「持続可能性」という言葉につながる価値観や行

為とは何なのかを、皆が認識し、修正し、その考え方を循環させ続けるという、暗黙のうちに共有された目論見に自分の意思で関わる人々で形成される空間である。物理的な場所に縛られず、ある種"仮想的"である点はメタバースに近いが、この認識空間の特徴のひとつは、ここで形成される価値観が、現実の社会制度や参加した人々や組織の行為につながっていることである。

　最も象徴的なのは、2015年にSDGsがニューヨークの国連本部において、国連のメンバー国や機関の代表者によって採択されたことだ。「持続可能性」をめぐる意味のやり取りが、実は制度やお金の流れ、社会通念の変更につながっていることを知っているからこそ、多くの国や組織が国際目標の形成に関心を持っていたのである。つまり、国連の既定の合意プロセスを経ることによって、SDGsというのは単なるお題目のリストではなく、それを実現することが国際社会の共通の目的であり、各国はそれを実現するためにそれぞれ努力すべきであることが公に約束された。もちろん、国連本部での約束に法的拘束力はない。しかし、「世界中の国の代表が異口同音に賛成した重要な指針に反している」と後ろ指をさされるようなことはすべきでない、という道義的拘束力が生まれる。また、国連での合意文書には、先進国か途上国かに関わらず、すべての国がSDGs実現に向けた施策を立て、実施するための機関を設置することが望ましいという提案も含まれていた。これに基づき、日本では、2016年5月に首相官邸直轄のSDGs推進本部が設置されたのである。

　こうして見ると、持続可能性、サステナビリティ、SDGsという道義性を伴う一連の概念が、それを用いて国内外の会議室で議論されたり、報告書やニュース記事が書かれたり、それらを引用して意見表明がなされたりといった循環を繰り返しつつ、一定の傾向性のある意味合いを持つようになり、更にそれが制度や人々の行動様式を生み出していくということが分かるだろう。では、概念の変遷は、そこに関わる人々や組織の力学、あるいは時代や社会状況によってどのように影響を受け、制度や人々の考え方・行動に反映されていったのか。

　こうした疑問に答えることは、私たちが、よくは分からないけれど「サス

テナブルって大事だよね」と、とりあえず言うのではなく、その本質について自らの立ち位置を確認することにもつながるだろう。従って、本書は、持続可能性の達成に貢献するための指針を示すとか、SDGs の 17 の目標を分かりやすく解説するといった指南書ではない。また、学習指導要領の改訂によって、学校で持続可能性を教えなければいけなくなった教員の方々が、明日授業で使えるような教案でも残念ながらない。ただ、持続可能性という言葉が使われだした 1980 年代末には、少しの環境配慮をすれば、経済成長が永続すると思われていたのが、2020 年代には、資本主義という経済システムや人々の生活の在り方にまで浸透するようになった。その背景に、我々が対面せずにはいられなくなっている現代社会の諸課題が垣間見えるのではないだろうか。

本書の構成

　本書は、「持続可能性」という概念と、それを用いた議論やそれが人々の行動に及ぼす影響について、探求の端緒についたばかりの中間報告のようなものである。具体的には、2021 年 9 月に開催された第 73 回日本教育社会学会の課題研究「『持続可能性』の知識社会学と越境的思考」における発表と討論の内容を中心に取りまとめている。研究書であれば、提起した問題に対する答えを得るために調査をデザインし、データを集め、それを精緻に分析して学術的に説得力ある結論に到達するまで書き始められないだろう。しかし、まだ研究としては未成熟ながら本書を刊行するのは、このような研究の必要性について、より多くの人たちに知ってもらいたい、それによって更に関連する研究が深まってほしいと願うからである。

　概念がどのように意味付けされ、社会構造や個人の行動に影響を与えるか、という研究は、知識社会学、現象学、言語学、社会心理学など、複数の学問分野にまたがって、ヨーロッパや北米では様々な研究が行われてきているが、日本ではあまり注目されていないように思う。またそれを、「持続可能性」という概念について行っている例は今のところ寡聞にして聞かない。従って、

本書が、この研究視角が持つ可能性を示し、読者が、「持続可能性」という単語を入り口として、知識や情報について少し深く考えるきっかけを提供できれば幸いである。

　本書の基となっているのが教育社会学の学会でのセッションであるため、教育に関連した持続可能性の議論が多くなっている。しかし、読者の多くは、教育だけに関心があるわけではないだろう。そこで、個別の研究報告の章に入る前に、第1章でまず、持続可能性の概念史とその背景にある政治、社会、文化的な条件の変化、さらにSDGsという国際目標が作られ、合意された過程について概観することとする。概念史をたどることはまた、1980年代末以降、地球規模の課題に対して、我々が個人として、集団として、国家としてどう対応すべきかという命題に対して、答えを示そうとしてきた思想の系譜を知り、それが時代背景とともにどのように変化したかを追うことにもつながるかと思う。

　続く第2章では、「概念」を入り口として社会や個人、組織間の関係を把握しようとする研究の系譜についても簡単に触れたいと思う。本書は「研究書」ではないながら、こうした研究の持つ可能性を紹介することも意図している。言説を分析するという研究の系譜を踏襲しつつ、本書では、情報技術の発展により、文書やネット上でのやり取りが加速度的に増加している状況に照らし、ビッグデータを計量的に処理するという新しいテキスト分析の方法も導入している。そうした実験の意味を理解して読んでいただくためにも、本書の学問的位置づけをある程度ご説明したいと思う。また第2章の後段に、研究論文の中での「持続可能性」概念の使われ方について簡単な分析を提示している。圧倒的に理系の研究分野として扱われているのはなぜなのか、概念史とともにひもといている。

　これら第1～2章の導入を踏まえ、第3章から、本研究に関わった研究者による3つの研究を紹介する。まず、第3章では、私（山田）が、当初、教育との接点ではほとんど論じられていなかった「持続可能性」が、地域との連携、高大接続など、国内の教育の様々な課題と絡み合いつつ取り込まれていく過

程を 1990 年からネット上で公開された文書の計量分析によって紐解く。続く第 4 章で仁平典宏・中藤哲也・大賀哲が、近年、「持続可能性」の言説生産において重要な役割を果たしている企業が、その語にどのような意味付けをしているのかを新聞記事と企業の CSR レポートの計量テキスト分析から解析する。第 3 章の山田、第 4 章の仁平・大賀・中藤は社会学を研究の基礎としているが、第 5 章の執筆者である唐沢穣・杉谷陽子・柳田航は、社会心理学、消費者行動論の観点からの分析である。独自に実施した質問票調査に基づいて、企業が動員する「持続可能性」概念が、消費者行動に及ぼす影響について論じている。「SDGs 効果」を狙った企業の広告活動は、どのような属性の消費者のどのような心理に響鳴するのだろうか。第 3 章、第 4 章では概念の時系列での変遷と認識空間の違うアクター間での意味付けの違いを論じているのに対し、第 5 章は、こうした概念の意味付けが、実際に人々の行動に影響するのかに焦点が当たっている。

　これらの実証的研究に加え、本書の中には、2021 年の教育社会学会の際には指定討論者として参画した教育哲学者の松浦良充、情報哲学者の久木田水生が記載したコラムも掲載している。「持続可能性」という言葉は、何かしらが持続するために努力する人間の存在を想定した、きわめて規範的な言葉である。それが具体的に何であるかは曖昧ながら、達成すべき理想状態は想定されている。このように、目的志向性とそれに沿った行動が暗黙の前提となっている言葉には、ほかに「開発」や「教育」などもある。「開発」された状態、「教育」された状態を達成するための介入が想定されるように、「持続可能性」も、社会が持続可能となるような行為が必要、という規範性を内包する概念である。それゆえ、「持続可能性」の言説の本質をとらえようとするならば、それを認識上の空間での言葉のやり取りや、そのやり取りに関わるアクターの政治、経済、社会的関係性だけでなく、この言葉が象徴する新しい社会の発展観を批判的に考察する必要があるだろう。概念の使われ方と普及に関する実証研究に加え、哲学の研究者の参画を求めたのはそのためである。

　先述の通り、本書は、研究の発想とそれに沿ったいくつかの実験的研究例を示すにとどまり、結論めいたことを言えるだけのエビデンスはまだ積み上げることができてはいない。しかし、読者の関心と議論を喚起する意味で、終章では、本書の研究から見えてきたことと、今後に向けた課題を提起したいと思う。

　最後に、本書は教育社会学会の課題研究発表とパネル討論を中心に取りまとめたが、当日の司会を務めてくださった宮城学院女子大学の天童睦子教授、神戸学院大学の江田英里香准教授に、謝意を表して序章の締めくくりとしたい。

目次／「持続可能性」の言説分析──知識社会学の視点を中心として──

はじめに……………………………………………………… 山田肖子　i
　　　図表一覧　xiii

第1章　グローバル・ナラティブとしての持続可能性　山田肖子　3
　1. 国連会議の歴史にみる「持続可能性」概念の展開 …………… 3
　2. 「持続可能な開発」の思想と拮抗する価値 ………………… 5
　3. 戦後グローバル・ガバナンス構造と変化する国際社会 …… 16
　4. 文化、社会と持続可能性──ローカルな知の再文脈化 … 25
　　　注　26
　　　引用文献　27

第2章　批判的言説分析 ………………………………… 山田肖子　31
　　　──言葉の分析から社会の構造と力学を知る
　1. 言説分析とは何か …………………………………… 31
　2. 学術的文献にみる「持続可能性」概念の通時的変遷 ………… 35
　3. 我々の生活世界と学術的言説の乖離 ………………………… 41
　　　注　44
　　　引用文献　44

コラム①教育哲学の視点から…………………………… 松浦良充　45

第3章　「持続可能性」概念と教育の接続……………… 山田肖子　49
　　　──ネット上の言説が示すもの
　1. 持続可能性を教えるとはどういうことか ………………… 49
　2. データと分析方法 ………………………………………… 51
　3. 発行文献の時系列変化と概念クラスター ………………… 54
　4. 「持続可能性」と「教育」の認識空間は接合されたのか……… 62
　　　注　64
　　　引用文献　64

第4章 「サステナビリティ」と「経済」言説の接合を
　　　 めぐって──新聞記事とCSRレポートの計量テキスト分析の試み
　　　 ………………………………… 仁平典宏・大賀哲・中藤哲也　65
　　1.「サステナビリティ」と「経済」……………………………… 65
　　2. 新聞記事の分析から ………………………………………… 68
　　3. CSRレポート分析 …………………………………………… 72
　　4. 接合の意味とゆくえ ………………………………………… 73
　　　注　79
　　　引用文献　79

第5章 企業ブランディングとしてのSDGs関連活動が消費者の
　　　 認知と行動に及ぼす影響──社会心理学的な実証研究に向けて
　　　 ……………………………… 唐沢穣・杉谷陽子・柳田航　81
　　1. 企業の広報活動とSDGs ……………………………………… 81
　　2. 道徳意識の社会心理学的研究 ……………………………… 83
　　3. 広告メッセージと道徳判断 ………………………………… 84
　　4. 日本における実証研究の可能性 …………………………… 86
　　5.「SDGs的な」消費者行動の心理 …………………………… 92
　　　注　95
　　　引用文献　95

コラム②倫理学・情報哲学の観点から……………………………… 久木田水生　98

おわりに──私たちは持続可能性という言葉を通して何を見ているのか
　　　 ……………………………………………… 山田肖子　101

　　索　引………………………………………………………… 105
　　執筆者紹介…………………………………………………… 109

図表一覧

図 1-1　持続可能性に関する思想分布 ……………………………………… 11

図 1-2　SDGs 策定にかかる公式及び非公式な構造の多層的関係 ……………… 18

図 1-3　各国の経済成長率マップ (2013-2021 年期平均) …………………………… 20

図 1-4　主要国の国連分担率と金額の推移 (1977 ～ 2022 年度) ………………… 21

図 2-1　「持続可能性」をタイトルに入れた論文数の変遷 (1990 ～ 2021 年) ………… 37

図 2-2　「持続可能性」をタイトルとする論文の分野別傾向 (1990 ～ 2021 年) ……… 40

表 2-1　「持続可能性」をタイトルに入れた論文の分野ごとの変遷…………………… 39

図 3-1　7 つの概念群の出現割合の変化 ………………………………………… 57

図 3-2　1990 年代の「持続可能性」と「教育」言説の共起ネットワーク ……………… 61

図 3-3　2020-2021 年の「持続可能性」と「教育」言説の共起ネットワーク ………… 62

表 3-1　1990 年以降の「持続可能性」と「教育」に関する言説を構成する概念クラスター　56

図 4-1　記事数の推移 …………………………………………………………… 69

図 4-2　対応分析：語句×時期区分 (頻度 1000 以上・上位 100 語) ………………… 70

図 4-3　対応分析：語句×刊行年 (頻度 4000 以下・上位 200 語) ………………… 78

表 4-1　各時期区分の特徴語上位 10 語 (単位：Jaccard 係数) ……………………… 69

表 4-2　時期区分×イシュー・アクターとのクロス集計表 ………………………… 71

表 4-3　分析対象の会社 ………………………………………………………… 74

表 4-4　上位頻出語句 …………………………………………………………… 76

図 5-1　広告の種類と個人尊重道徳価値観が商品の品質評価に与える影響 ………… 89

図 5-2　広告の種類と集団結束道徳価値観が商品の品質評価に与える影響 ………… 90

図 5-3　広告の種類と環境イデオロギーが品質 – 環境優先認知に与える影響 ……… 91

「持続可能」の言説分析

—— 知識社会学の視点を中心として ——

第1章
グローバル・ナラティブとしての持続可能性

山田肖子

1. 国連会議の歴史にみる「持続可能性」概念の展開

　「持続可能性 (sustainability)」という言葉が最初に国際的な舞台で使われるようになったのは、「環境と開発に関する世界委員会」(World Commission on Environment and Development: WCED) が 1987 年に発表した報告書「地球の未来を守るために (Our Common Future)」(通称「ブルントラント報告書」) の中だと言われている。WCED は 1984 年に設立され、8 回の会合を経てブルントラント報告書がまとめられた。「持続する (Sustain)」という英語の動詞の名詞形だが、一般名詞としてのそれには、環境や開発といった含意はもともと存在しない。しかし、序章でも述べたように、そうした耳慣れない用語を導入すること自体が、新たな議論を喚起しようとする意思の表れであることも少なくない。「持続可能性」概念は、当時重要性が指摘され始めた環境保全の議論の中で導入され、やがてグローバルな語り (ナラティブ) となっていったのである。1992 年にリオデジャネイロで開催された「環境と開発に関する国際連合会議 (United Nations Conference on Environment and Development: UNCED；通称「地球サミット」)で、この用語は一挙に国際社会で市民権を得ることになった。その後この地球サミットを継ぐ形で、2002 年、2012 年と、10 年ごとに国連メンバー国と国際機関や市民社会の代表が参加する環境会議が開催され、気候変動や環境汚染、自然資源の保護、生物多様性などについて議論されてきた[1]。

　市民権を得たと言っても、当初のこうした環境保全の議論の中での「持続

可能性」概念について、一般の人々がさほど関心を持っていたとは思われない。環境保全の大事さについては、様々な形で認識はされていたであろうが、それらを包括して「持続可能性」が語られることはまだ一般的ではなかった。関連するテーマのすそ野は徐々に広がっていたが、それでも広義の「環境問題」の領域での研究者や行政官、NGO 関係者の間での議論だった。

　1990~2000 年代にかけて続いたこうした状況を大きく変えたのが、2015 年9 月にニューヨークの国連本部で開催された「持続可能な開発サミット」と、そこで採択された SDGs であろう。SDGs が流行語になるぐらいだから当然と思われるかもしれないが、日本でこの言葉が流行語大賞にノミネートされたのは 2021 年で、国連サミットから 6 年も経っている。つまり、SDGs が流れを変えたといっても、このサミットを境に突然、「持続可能性」という言葉が我々の日常に入り込んできたのではない。浸透には時間がかかるだけでなく、その過程で様々なアクターの意図や解釈が加わっている。更に、ブルントラント報告書がそうであったように、公式文書や宣言が出るまでには、公式、非公式の場で多くのやり取りが行われている。では、SDGs が形成されるまでに、どのようなやり取りがあったのだろうか？

　2012 年の国連持続可能な開発会議（リオデジャネイロでの会議から 20 年ということで、通称、「リオ＋20 サミット」と言われる）の成果報告書として発表された「我々が求める未来（The Future We want）」のなかに、リオから連なる**環境を中心テーマとする国連会議**と並行して開催されてきた**開発途上国の社会経済的な開発や貧困削減**を中心テーマとする国連会議と合併させ、一つの国際会議にすべきとの提案がなされた（United Nations 2012）。ここで初めて、「持続可能性」と「途上国の開発」に関する国際的な合意形成の場が「持続可能な開発」という融合された旗印のもとに設定されることとなった。

　途上国の開発に関する議論の歴史的展開は後述するが、SDGs につながる直接的な経緯として、2000 年に合意されたミレニアム開発目標（MDGs）についてだけ、まずは触れておこう。MDGs は貧困削減を究極目標とし、初等教育の普及、ジェンダー平等、乳幼児や妊産婦の健康や感染症対策等に関す

る 8 つの目標群からなる。合意から 15 年後の 2015 年を達成年限としており、そこに向けて、2013 年頃から、国レベル、地域レベル、グローバルレベルでの達成度や課題の振り返りをしつつ、リオ＋ 20 と発展的融合が図られた。

　MDGs の中にも環境保全に関する目標が 1 つ入っていたし、リオ＋ 20 の系譜の中でも、経済発展と環境保全のバランスを取る必要は指摘されており、これらの二つの国際会議が対象とする領域はもともと重なりがあった。地球規模の課題に対する国際合意であるから、当然ともいえる。従って、この 2 つの流れを統合することは、グローバル化によって人やモノの移動が頻繁になり、温暖化などの地球環境問題も深刻化する中で、人々の生活の向上と地球規模の環境課題がつながっていて、別個に議論することが難しくなってきたという現実認識の反映でもある。同時にそれは、単に異なる起源をもつ二つの発想のカバーする領域が重複してきた、というだけのことではなく、そもそも、地球規模の課題を従来のようなやり方で切り取って、対策を議論する仕組み自体が現実に合わなくなってきたということでもある。物事の多くが、国家やその連合体としての国連を中心とする国際統治（グローバル・ガバナンス）の仕組みを超えてしまっているということを、現在の「持続可能性」議論との関連でもっと考察すべきではないだろうか。

2.「持続可能な開発」の思想と拮抗する価値

　　人間には、将来の世代が自分たちのニーズを満たす可能性を奪うことなく現在のニーズを満たすために開発を持続可能なものにする能力がある。持続可能な開発とは、現在の技術や社会組織によって環境資源を利用しつつ、生物圏が人間の活動の影響を吸収できる範囲で制限をかけることである。（WCED 1987, para 27）（下線は著者による）[2]

　上記は、1987 年のブルントラント報告書での「持続可能な開発」の定義であ

6

る。ここで初めて「持続可能」という概念が提起されたことから、この文書は度々言及されているが、先にも述べたように、新しい概念は発生当初はその意味するところが曖昧であることが多い。上の引用箇所に示された「持続可能な開発」の定義の背景には、いくつかの、相互に対立しかねない論理が存在する。それらを紐解いてみよう。

(1) 世代内及び世代間の衡平性

　ブルントラント報告書の記載で特徴的なのは、開発において、「将来の世代」とのバランスという観点が入っていることである。

　戦後、国連などで「開発」という用語を使って議論されてきたのは、旧植民地をはじめとして、経済発展の指標とされる GDP（国内総生産）や GNI（国民総所得）が低く、同時に保健、衛生や教育などの基本的社会サービスや、居住、雇用などの安定した生活基盤が十分に確保されていない国や地域の状況を少しでも先進国並みに近づけることであった。こうした「開発」を実現するため、日本を含め、先進国政府は国連機関に多くの資金を拠出したり、自国の援助機関を通じて、途上国に直接技術や資金援助を行ったりしてきた。この「国際開発」の前提には、先進国が途上国を支援するという枠組みがあった。「南北問題」という言葉は今やほとんど使われないが、先進国が主に地球の北側にあり、開発の課題を抱えた途上国は南側に多い、ということから、途上国はひとくくりに「グローバル・サウス」とも称され、彼らに対して、開発の先達である北の国々が支援する、という構図は、現在も国際開発協力の仕組みの根底にある。

　「どんな社会も人も、皆、民主的に物事が決められる政治体制のもとで、より便利で経済的に豊かな暮らしをしたいという点では大きな差はないはず」であり、だからこそ「先にそれを達成した国が、後から追いつこうとする国を先輩として導かなければならない」という発想（**近代化論**という）を共有したグローバル・ガバナンス枠組みがあり、その枠組みに沿って、「正しい援助のやり方」に関する規範が作られたり[3]、援助プログラムを行う際の優先

分野が決められたりしてきた。

　それに対して、近代化論は、結局、先に発展を遂げた国がグローバル・サウスから資源を収奪したり、彼らの安い労働力を使って製造した製品を高く売りつけたり、またそれが許される法的、制度的基盤のもとで成り立っているのであり、その依存関係の中では、途上国は永遠に先進国から搾取され続けるのだ、という途上国の研究者などからの批判（**従属論や世界システム論などの新マルクス主義**的な議論）は、1970 年代頃から続いている。

　こうした理論の対立は、国際開発学の教科書の第 1 章に書いてあるような内容ではある（例えば、斎藤 2005；鈴木 2001；山田 2009 など）。しかし、新マルクス主義的な議論も、結局は、先進国中心のグローバルな仕組みに対する批判であることからも分かるように、国際開発という分野は、「これではいけない」と自己批判しながら、近代化という単線的な発展観に沿って戦後作られたガバナンス構造の中での成功を志向する国家、集団、個人によって維持されてきた。それぞれの社会に異なる現実とニーズがある、と一方では指摘されつつも、共通の国際目標を掲げ、それに向けて一致して努力する国際社会、という共有前提の中には、現実の多様性はあいまいに捨象されてきた。

　さて、このように本質的な構造変革は意図されていない中での調整ではあるものの、**「国際開発」は同世代内での不平等の撤廃を標ぼう**してきた。つまり、同時代を生きる人々の間での所得や、住居、食料、健康、教育などの基礎的な生活資本の入手・活用可能性の格差をなくそうということである。

　これに対し、「持続可能な開発」概念は、世代内だけでなく、**世代間の衡平性**という価値を持ち込んだ。これは 1980 年代には、現在と同じペースで自然を破壊し続けたら、人間社会の発展のために "やむを得ず" したことの結果によって、我々の住む地球自体が崩壊してしまう、という科学的なデータが示され始めたことによる。先述の通り、近代化論は、単線的な発展観であるので、もっと豊かに、もっと楽な暮らしを、と求める人間の欲望に制約があるという想定がない。しかし、あくなき開発への追及の果てに、いつの日か、我々の子孫は生きられなくなる、と言われたらどうするか。現実に同

時代を生きている人々の間での格差を解消することすら難しいのに、まだ見ぬ子孫の生活を守るために、今、自分たちの欲望を抑えるということが可能なのだろうか。子孫がタイムマシンに乗って訪ねてきて、「おじいさん／おばあさん、あなたが○○を我慢してくれたおかげで、私は××のメリットを得られました」と報告してくれるわけではない。現時点での個人の行動抑制が、どのような形で、誰の便益になるか、あるいは全くならないのかが分からないなかでの個人及び集団の自制を求められているのである。

　近年、哲学、人類学、社会学、政治学などの諸分野で"贈与"や"交換"についての関心が高まっている。「ひとは、見返りもなく他者に何かを与えるか」という議論だ。与えたものと同等の価値のものをそのまま返してもらうのは等価交換だが、一見、一方的に与えてばかりいるような贈与はなぜ成り立つのか。昔お世話になったとか、あるいは何か後ろめたいことがあるとか、やり取りされるものとは別の主観的な"借り"の意識があるのではないか。それとも、恩を売っておくという将来への投資か。つまり、どのような意味においても全く見返りを求めない贈与というものが存在するのかという議論である（サルトゥー＝ラジュ 2014, p. 10）。

　このようなことが議論される背景には、個人と個人の関係での贈与だけでなく、制度が複雑化している中で、人が自分の持っているものを手放すには、その手放したものがちゃんと自分自身なり自分が便益を受けてほしいと願う人のために使われる可能性が高いという"信頼"が存在しているはずだ、という考え方が存在する（稲岡 2018）。自分が恩を売ったつもりでも、相手がそう思わなければ一方通行だ。政府に税金を納めるのは、それを政府が自分も含めた多くの人のために、正しく使ってくれるという"信頼"があるからだ。国家が途上国に対する政府開発援助を行うのは、それが国際的リーダーとしての自国の立場や、途上国からの政治的、経済的な関係に資するという想定があるからだ。

　では、持続可能な開発のために、現在の我々が少し我慢する、ということは、誰に対する何の"贈与"なのか？我々は願ったような未来が子孫に訪れ

るか確認できないなかで、何を"信頼"して実現を託すのか？これは、一面では、子に対する親の無償の贈与のような性格を持つかもしれない。その対象は血のつながった子孫ですらないかもしれないが。

　さて、問題は、そのような人類的な無償の愛のために、人々は現在の自分に制限をかけることができるのか、ということである。これはつまるところ、人々の主体性にかかっており、それゆえに、「持続可能な開発」概念は、人の道義性に訴える。本書の後段では、持続可能性と教育が、相互にどのような関係にあるものとして議論されているかを分析した結果を提示している。SDGsや持続可能な開発言説のなかでは、教育が、持続可能な社会を生きる若者、子どもたちの価値観や態度を形成する重要な場だと認識されるようになっている。本書の冒頭で、2020年から学習指導要領が改訂され、学校で「持続可能性」を教えることが明文化されたと述べたが、世代内、世代間の衡平性を実現するには、価値観の変化が重要な要件であるという本節の説明で腑に落ちる読者もおられるのではないか。

　もう一つ、世代内及び世代間の衡平性に関する新たな課題は、どちらが優先されるのかという点である。つまり、従来は、開発途上国の社会経済的な課題の解決、先進国の中でも貧困の中にいる人々への社会保障といった同世代の格差の解消が目指されていた。その同世代の格差は相変わらず存在する中で、世代間の衡平性を保つ、という判断のベクトルが追加された。特に、世代間の衡平性は結果が目に見えないため、いま、困難な状況にある国や人々の立場からは、そのような不確実なことに対する備えのために、今の支援に回せる資金や技術、人材を配分するより、目の前の課題に取り組むべきだという批判が出てくる。私が所属する大学の研究科では、途上国からの留学生が学生の半分以上を占めるが、授業で「持続可能な開発」について言及すると、地球温暖化といった、先進国の工業化によって生じたグローバルな課題に対処するため、途上国までもが二酸化炭素排出量の削減を求められ、発展の可能性を制限されることへの批判が表明されることがある。その一方で、海面上昇によって生活の拠点が水没し、生計の手段も失うといった、途上国

の貧困層に追い打ちをかけるような事態が、地球温暖化の影響で生じてもいる。世代間の衡平性への配慮のはずだったことが、世代内にもともとある格差を悪化させる原因にもなりうる。その一方で、対策のために必要なお金や人といった資源は将来の世代から動員することはできず、政府は今の世代の税収で行政を行っている。また、いかに企業が「子どもたちの未来のために」と道義的なメッセージを発しても、その世代間の衡平性の価値を訴求しようとする企業の製品を購入するのも今の世代の人々である。

　こうした拮抗する「開発」の対象について、何かしら優先付けの基準が設けられるのか、また、そうした基準に従って「開発」を実践するメカニズムが作られるのか、そうした基準やメカニズムの底流としてグローバルに共有される価値は生まれるのか。これらは、いずれもいまだ答えがない問いである。

(2) 資源としての自然と生物圏の中の人間

　さて、自然環境の破壊と人間の経済活動とは表裏一体である。もし我々が、人間は合理的な経済人で、利潤を最大化するために行動するものだ、と考えるなら、自然は人間が活用すべき資源である。自然が強大な力で非力な人間が耕した田畑や町を土石流で押し流したり、地震で破壊したりするのに対して、逆に自然を支配し、活用しようとしたのが人間の技術革新と発展の歴史でもある。従って、1970〜80年代に公害や環境汚染の問題が指摘されだした時も、当初は経済活動のペースを落とさなくても、技術力を高めることで環境を保全することは可能だという楽観主義が支配的であった。この環境保全の発想はまた、人間にとって活用する可能性があるかどうか、保全すべきかどうか、という観点から人間を取り巻く動植物や自然を見ている。この立場は、人間も地球システムの一部とは考えておらず、自然と人間社会を分断し、支配−被支配、利用−被利用の関係でとらえている。

　多くの研究者が、「持続可能な開発」は、つまるところ、社会・経済・環境という3つの軸を中心に考えられていると述べている（例えば、Fiske 2022, p. 114；ボヌイユ・フレソズ 2018, pp. 40-42）。上述の通り、従来の持続可能性の言

説の多くには、資源と人間を対置する発想が多く見られる（**図1-1**の縦軸の下部）。立場が分かれるのは、どの程度、どんな方法で資源を使えば持続可能か、という点についてである。一つは、個人の経済活動も、その延長にある企業の活動も、合理的に判断すればおのずと一定の環境保全をしながら継続できる、と考える**個人主義的、合理主義的な立場**である（図1-1の左下の象限）。つまり、経済活動の中に、グリーン・ビジネスのようなものを組み込んでいけば、経済活動を続けつつ、環境も保護できるという発想である。実際、電気自動車や廃棄物を再利用した新素材など、企業が"サステナブル"としてアピールしているビジネスは、より時代に合った魅力をまとわせることによって、消費者の安心感を高め、自然に対する貢献ももちろん目指しつつ、生態系を経済に従属する消費財としている点では従来の環境保全の考え方の延長線上にあると言える。

　これに対し、人間と資源を分離させる立場の中でも、上述の経済合理性とは違い、人間の幸福を実現するための資源として、自然との関係も社会にお

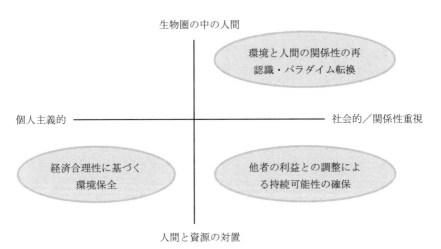

図1-1　持続可能性に関する思想分布

出所：Papuziski 2008 などに基づき筆者作成

ける人間関係も同様に重要だとする立場もある。例えば、日本でも「人間の安全保障」の思想[4]で知られる経済哲学者のアマルティア・センは、人間が善い人生を生きるために、自らを取り巻く自然や社会にあるものを活用して、望ましい状況に至るような行動を起こす潜在能力（ケイパビリティ）を持つことの重要性を指摘している（Sen 1992）。 ここでいう「望ましい状況」は、健康や衛生などから、幸せな心理状態まで多様な内容を指しうるが、人が尊厳をもって生きるための基本的なニーズの充足という意味にとらえて、国際開発協力の活動の理念的裏付けとして頻繁に言及されてきた。センのケイパビリティ・アプローチを、持続可能な開発の理論に援用しようと試みる研究者は少なくない（例えば、Voget-Kleschin 2013）。このケイパビリティ・アプローチは、人間同士及び人間と他の存在の関係性を調整することによって人間の安全保障を成し遂げようとする、**相互依存的、調整的な発想**である（図1-1 の右下の象限）。個人が他者と取り結ぶ関係性や交流も「社会資本」という資源の一つとみなしていることも特徴的で、「社会は、富の蓄積のための機会を最大化しようとするバラバラの個人の集まりだ」とする、上述の合理的経済人の思想とは異なる。同時に、人間以外の動植物や自然を「資源」として外部化している点では合理的経済人モデルもケイパビリティ・アプローチも人間中心的であり、また、資源を活用することを個人の能力としている点では個人主義的でもある。

　さて、こうした環境＝資源という思考枠組みに対して、近年、人間を取り巻くそれ以外の存在をすべて人間によって活用されるべき資源とみなすのは、人間の優越性を前提とした人間中心主義であるとして、発想の根本を変えるべきだという批判が出ている。つまり、地球は、人間が消費したり活用したりするためだけにあるわけではなく、人間もその一部なのだという視点である。近年、工業化とともに人間は生態系や地層に本質的かつ不可逆的な影響を与えてしまったという科学的な証拠が数多く提示された。それにより、人間社会が環境と相互に依存し、影響し合う関係であることをとらえ直さなければいけない、**つまり環境と人間の関係性の再認識**という気付きが生まれた

と言える (図1-1 の右上の象限)。この工業化以降の地質時代上の区分が "人新世" と呼ばれることから、人新世の哲学なるものも盛んになりつつある (例えば、Polt & Wittrock 2018)。人新世、持続可能性等、ラベリングは異なりつつも、こうした傾向の議論は今後増えていくと思われる。

　これらの思想に序列をつけることは本書の目的ではない。なぜなら、立場が違うと物事は違って見えるというのが、言説分析の基本的な現実認識だからである。経済活動を維持しつつ、従来の延長線上で環境問題をコントロールできることが確実なのであれば、近代化路線を進めることも一つの方途かもしれない。同時に、いかに従来の路線の延長上での開発を志向したとしても、限られた資源の中で、異なる利益を調整し、誰がどのくらいが自己利益の追求を抑制し、公共益を守るべきかを定めるためには、一定の合意と制度化が必要である。「持続可能な開発」のために、現在および将来の世代の人間とそれ以外の存在にとって守られるべき公共益が何であるのかもいまだ明確な合意はない。その思考枠組みが形成されるまでの模索の段階に、我々は生きていると言える。だからこそ、多様な思想と現実認識が錯綜しているのである。そして、その思索の過程で、人間と環境の関係性を資源を活用する主体である人間と活用されるべき客体として対置するのでなく、より有機的かつ相互的なものとしてとらえるべきだとして、根本的な発想の転換を求める思想が影響力を増しているのである。

(3) 民主主義における公共益としての持続可能な開発

　さて、ここまで述べてきた内容からお分かりのように、持続可能な開発に関する思想の多くは、人間が何らかの形で自らの利益と他者の利益を調整することを前提としている。つまり、同世代の先進国と途上国、富裕層と貧困層、あるいは異なる民族、性別、居住地などによる差を埋めるにしろ、世代間で負の遺産をなくすにするにしろ、それは、現代の我々が、個人の権利や利益を無限に追及するのでなく、全体のバランスの中で少しずつ控えることを示唆する。何をどのくらい、何のために控えるのかは、置かれた状況によっ

て異なるため、細かい取り決めは難しい。そこで、原理原則を決めておいて、それを個別の事象に当てはめるべきだというのが多くの人の考えである。ただ、その譲り合いの原理原則をどの位相で考えるべきなのか、倫理か、政治か、社会関係か、経済メカニズムか、という点は諸学のなかで考え方が異なる。

　倫理的な位相で考えるなら、それは、「我々は宇宙船地球号の一員だ」といったグローバル市民としての価値観を醸成することかもしれない。先述の通り、学習指導要領の改訂によって、持続可能な社会を生きるための価値観や態度を教えることが学校教育の役割と位置づけられた。そうした教育は、何の見返りも求めない無私の贈与を可能にするのか、はたまたそこに、何等かの見返りが想定されるのだろうか。例えば、人間関係が密接で共同体意識の強い地域コミュニティでは、誰かに何かで助けられたら、別の形で返すという、直接的な等価交換とは違う貸し借り、相互依存の意識が生まれやすいかもしれない。その一方で、隣人の顔もよく知らないような都会の大型マンションが立ち並ぶ地域では、他者との関係はもっと間接的であり、他者の利益のために自己を抑制するという行為は、制度や法律によって相互性が保証されなければ成立しにくいかもしれない。後者の例を敷衍すると、遠い国の人々や、未来の人々との間で持続可能性を担保するということは、相手の顔が具体的に見えない中で利益を調整することを意味する。

　従って、持続可能な開発とは、異なる利害を持つ空間的、時間的に異なる次元にいる人々の間での民主主義、という話にもなる。民主主義とは、ある組織の重要な意思決定を、その組織の構成員が行う、即ち構成員が最終決定権（主権）を持つという政治制度であり、特定の事柄に対して複数の異なる見解が提示された場合には、より多くの構成員が支持した意見が全体の意見として採用される。今日、地球上のほとんどの国の地方自治体や国会はもとより、国連での議決も皆、この民主主義による多数決で行われている（国連安全保障理事会の常任理事国の拒否権といった例外はここでは横に措く）。国連の場で、国家の代表が、国民全ての意見を代表しているという想定で投票がなされることが現実にそぐわない場面が増えてはいる。外交、安全保障、貿易な

ど、人間のあらゆる活動において利害が相反したり、集団間の圧力が拮抗したりしているなか、「誰が考えるどんな持続可能性を全員の合意とするのか」という議論になったら、それがいかに政治的かは想像に難くないであろう。

　もし、倫理的なレベルでとらえることも、経済的な取り引きで合理的に割り切ることもできないとしたら、持続可能性は政治的な課題となる。そして、多数決の論理は、しばしば弱者を従属的な立場に置いてしまう。国連への拠出金が少ない途上国は、自国の発展を願うからこそ、援助国が主導する枠組みを覆しにくい。未来の世代は議場で声を上げられないが、現代の利益集団は様々な形で議場での議論に外から圧力をかけるだろう。

　さて、このように「持続可能な開発」を実現する政治システムを確立するのはかなり難しく思われるが、グローバルな公共益を達成するための制度を提案している研究者も少なくない。例えば哲学者のヌスバウムは、アマルティア・センとともにケイパビリティ・アプローチを提唱したが、ケイパビリティを広く概念的なレベルでとらえたセンと違い、人々が善い人生を送るためにどのような正義を民主主義システムの中で実現すべきか、具体的なリストや方法論に落とし込もうとした (Nussbaum 2007)。

　また近年、グローバル・コモンズ (特定の個人や集団の所有に帰さない、地球規模で人類が共有している資産) を共同管理する政治的枠組みについての議論も多くなされている。こうした議論の中には、社会主義か市場原理主義か、といった二項対立から脱却して第三の政治思想を模索しようという傾向が見られる。例えば、ヒルストは、マルクス主義社会学を基礎としつつ、一つのイデオロギーが体制全体を支配する政治制度は、社会的課題が多面的、複線的になっている現代には馴染まないとして、問題関心を共有する市民が自発的につくる組織による自治とそれらの組織を通じた"結社民主主義"の必要を謳っている (Hirst 1994)[5]。

3. 戦後グローバル・ガバナンス構造と変化する国際社会

　ここまで、「持続可能性」概念が1980年代末から、どのような時代背景のなかで議論されてきたか、また、その議論の根底に、拮抗し、ときに人間社会と環境に関する全く異なる認識枠組みに基づく価値観が、いまだ統合されることなく存在していることを示した。第1章2節で示した価値観や思想は、個別具体的なNGO、政府や企業の活動と直接の関係はなく、また、国際会議でSDGsが17の目標群に収れんする過程で議論された内容とも明示的なつながりはない。もちろん、どういう思想の系譜があるかを知ることで、特定の施策を推進するアクターが、どのような考え方でそれを正義とみなしているかを類型的に把握することはできる。思想は、言説に参加するアクター間の力学や制度の底流を支えるものだからである。その一方で、「持続可能な開発」に関して、国際社会が一致して追求することに合意したSDGsという目標がどうやって形成されたかも分からずに、概念や思想だけ説明されてもピンとこない、という読者もおられるだろう。そこで、本節では、SDGs形成に至るまでの国連システムでのアクターの動き、時代背景とそれがアクターや意思決定の構造に及ぼした変化について述べてみたいと思う。

　第1章1節でも述べたように、SDGsには、それに先行する国際目標（MDGsやリオ＋20）があり、過去の経験から、国際目標がNGOや政府、国際機関による途上国支援や各国の政策に及ぼす影響については、関係者の間で十分認識されていた。そして、SDGsは一度採択されれば、2015年から2030年までの15年間にわたって国際社会が合意した規範として掲げられることも分かっていた。

　SDGsは17個の目標で構成され、さらにその目標を具体的にかみ砕いたり達成度を測定するための160個以上のターゲットや実施手段、指標が付随している。あまりに膨大かつ多方面に拡散していて、背景を知らずにいきなり見ても、無味乾燥でつかみどころがない、長大な「叶えたい夢リスト」にしか見えないかもしれない。

　しかし、もしあなたが、この 17 の目標に直接的に関わりそうな分野、例えば貧困削減や産業開発、生物多様性、温暖化などに関する国際機関や NGO などで働いていたら、特にプロジェクトの運営や資金確保などを任されている立場だったとしたら、少なくとも、自分の専門分野では SDGs の策定過程に働きかけて、目標やターゲットの中に、自らの所属する組織や専門分野の問題関心が反映されるように働きかけるかもしれない。なぜなら、SDGs に公式に記載されることによって、あなたの専門分野が他よりも重要で、優先的に資金や注目を受けるべきだという主張ができるからだ。MDGs や過去の国際目標の経験から、アドボカシー団体や利益団体、一部の政府や国際機関、専門家などは、最終的に採択される文書の文言として、自分の専門分野にひきつけた内容を盛り込むことがその後の 15 年間の活動にとっていかに重要かを理解している。だからこそ、「持続可能性」を定義し、その内容を具体的にかみ砕いたものとなる SDGs の策定過程に影響を与えようと必死になるわけである。つまり、SDGs の策定過程を分析することは、どういう人たちがどういう理由で言説に影響を与えようとしたのか、それによって、その後の「持続可能性」議論の内容や方向はどのように変化したのかを知ることである。

　私は、SDGs が形成されるプロセスでの言説を、自分の専門である教育分野から分析していたのだが (Yamada 2016; 山田 2016)、そのなかで、国連システムを前提とした国際合意形成の構造の形骸化が急速に進んでいると感じた。形骸化しているにも関わらず、「国際社会が一致して目標を定めた」という形式を整えられる場は他にない。各国でまず協議し、国家の代表が国の協議結果をアジアやアフリカなどの地域ごとの会合に持っていき、地域ごとで合意した内容を調整し、グローバルな会合で最終合意を形成するという、階層的な意思決定メカニズムが確立している。しかし、多くのことはほとんどこうした形式上の会議の外でやり取りされ、ほぼ決まった状態で会議室に持ち込まれる。SDGs に特定の内容が明記されるかどうかについては、熾烈な競争と調整があるが、膨大な文書や口頭でのやり取りは国連システムの階層的

18

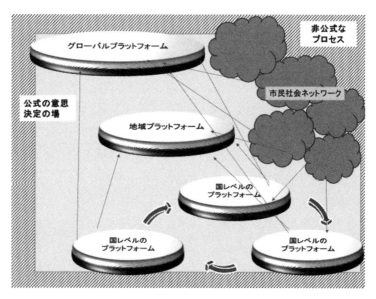

図 1-2　SDGs 策定にかかる公式及び非公式な構造の多層的関係

出所：Yamada 2016, p. 105, Figure 3 を和訳

な会議の外で交され、また、各分野の専門家だけでなく、分野を渡り歩き、アドボカシーを生業とする人々などが戦略的に駆け引きをする空中戦である（図1-2）。彼らは、階層的な公式会議のあらゆる段階に縦横無尽に働きかける。つまり、2015 年の時点で、SDGs の文面は、人々の日々の社会経済活動や脱酸素社会を実現するための企業活動などの現実とつなげて議論されていたわけではない。さきにも述べたが、「持続可能性」というのは、本源的に、人々の価値観や行動変容を求める概念である。しかし、その概念を"公式に""世界共通の価値"とする場だった SDGs の策定とそれを採択した 2015 年 9 月の持続可能な開発サミットは、一般の我々の生活の中での認知や実存とは遠く離れた空中戦のプロの間で行われた。視点を変えれば、2015 年以降の「持続可能な開発」に関する言説は、この官製の枠組みを現実的な意味に読み替えるプロセスだったともいえる。もちろん、従来からこうした国際合意に関与するアドボカシーのプロというのは存在したし、MDGs にしろ、リオ＋ 20

にしろ、国際目標や宣言は数多く発表されてきた。しかし、SDGs ほど我々の日常に浸透したものはほとんどないのだから、「持続可能な開発＝サステナビリティ」言説が一般化した思想上、実存上の背景は別途考えなければならない。

　しかし、ここで指摘したいのは、**言説を条件づける構造**の問題である。17 の SDGs のどの分野であれ、分野固有の関心を持続可能性という枠組みの中に位置づけようとするなかで、議論に参加する人々や機関を取り巻く技術的、政治的、経済的環境の影響を必ず受ける。私は教育分野の議論を見ていて、15 年前の MDGs のときより、非公式の場外議論の影響が高まっていると感じた。つまり、もともと形式的なお墨み付きのための儀式とも思えた国連での意思決定が、その傾向を強めているという感覚である。その理由の一つは、この間に国際社会の力学が大きく変わったこと、もう一つは、MDGs 策定以降の 15 年間の情報技術の進歩が、議論に参加する方法や関わる人々に変化をもたらしたことであろう。

(1) 福祉的な国民国家像に基づく国連システム

　2000 年代以降、日本、西ヨーロッパ、米国などの先進国の経済成長の鈍化に対して、インドや中国などの新興国やアフリカの一部の途上国が高い経済成長率を示す状態が続いた (**図 1-3**)。このように国の経済成長が停滞すると、国内不満も蓄積して、先進諸国は国内対策を優先しがちである。また、国家予算から途上国支援に配分できる額も頭打ちになる。**図 1-4** は、国連メンバー国の分担金の拠出状況の変遷を示したものである。米国は 1970 年代から拠出額 1 位を維持しているものの、全体に占める割合は若干低下している。日本は 2000 年代に米国に次ぐ額を拠出して 2 位を占めるまで、右肩上がりに拠出額を増やしていたが、現在は急激に落ち込み、3 位になっている。4 位、5 位、6 位を占める西ヨーロッパのドイツ、英国、フランスも拠出額は下降傾向である。その反面、2 位に躍り出た中国は言うまでもなく、インド、ブラジル、ロシア等の新興国も存在感を増している。このような国の経

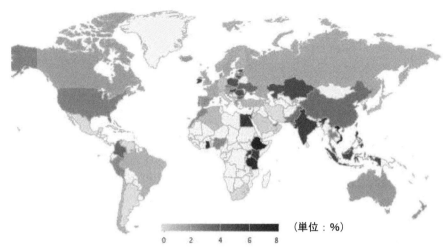

図1-3　各国の経済成長率マップ (2013-2021 年期平均)

出所：The conference board 2020
注：年間経済成長率が高い国ほど濃く網かけされている

済的な勢いや国連への拠出額は、国際舞台での発言力に当然影響する。従来は欧米先進国が国際開発のあるべき姿を示し、そのモデルを追随する形で開発を進めるために合意が形成され、その合意に沿ったプログラムやプロジェクトを実施するための機構が存在した。言い換えれば、「経済」ー「政治(外交)」ー「国際社会を方向づける規範」ー「実施のための制度」が同じ近代化の思想に根ざして整合していた。この構図を前提として、国連の様々な専門機関や関連機関が、特化した分野の事業を行ってきた[6]。

　しかし、2010 年代には先進国が作った枠組みや作法に従わない"ならず者援助国 - Rogue donor - "（主に中国を指す）がいることが国際社会でしばしば指摘されるようになった（例えば Dreher & Fuchs 2015; Strange, et,al. 2018）。彼らは援助国がお互いを縛っているルールから自由で、かつ「先進国ー途上国」という垂直的な関係を前提とせず、自らもかつて貧困国であり、成長を志向する発展途上の同胞として、途上国に対して水平的な協力を行うことを強調した。この状況は、従来は先進国の作った国際秩序の枠組みに沿って援助を受ける

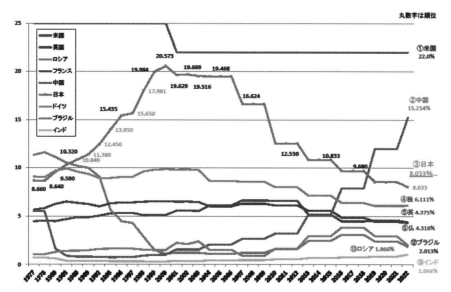

図1-4　主要国の国連分担率と金額の推移（1977 ～ 2022 年度）

出所：外務省 2021

しかなかった途上国に新たな選択肢を提示する結果となった。国家間の力学
の変化を受けて、SDGs に向けた議論が始まった頃には、BRICS[7] などの新興
援助国やイスラム教国を中心に支援する中東の援助機関などを、既存の国際
協力の枠組みの中に取り込むことができるか、あるいは "粗暴" として排除
するかの揺らぎが言説の中に色濃く映し出されるようになった。

　その一方で、国際目標は、回を重ねるごとに野心的に守備範囲を拡大して
いた。国連などの国際機関も、行政機関であるという意味では、各国政府と
性格が似ている。新自由主義的な考え方に立てば、政府は国民に対して直接
サービスを提供して民業を圧迫するのではなく、企業などの民間の力で経済
が活性化し、人々の生活に必要なサービスが受けられるよう、規制を緩和し
たり、調整したりすることに徹するべきであり、民営化や行政のスリム化を
図って、「小さい政府」を目指すことになる。他方、不況時のように、自由

な経済活動に任せていたら、多くの国民の生活が困窮する場合などは、政府
が直接サービス提供したり、補助金を出したりして、政府の役割を拡大する。
当然、こうした福祉国家的アプローチの行政は、コストも多くかかることに
なる。国際機関やそれに足並みを揃える先進国援助機関は、1980 年代には、
構造調整プログラムを打ち出して、途上国に対して新自由主義的な政策への
転換を求めた。しかし、それが途上国内での格差を生み出すとの批判が噴出
すると、一転して 1990 年代以降は、初等教育や公衆衛生など、ベーシック・
ヒューマン・ニーズを満たすことは国家の役割であるとして、脆弱層に直接、
国がサービスを提供するボトムアップの貧困削減を標ぼうするようになった。
つまり、福祉国家的な方向に転換したことになる。これは、グローバルな行
政機構の拡大をもたらした。こうした行政にかかる費用は、国家であれば税
収、国際機関であればメンバー国の拠出金で賄われるが[8]、行政機構は民間
企業と違い、ビジネスで収益を得るわけではない。また、サービスが拡大す
れば、人も多く雇用し、運営コストも上がる。更に、一度拡大した行政を縮
小するのは難しい。

　つまり、国連は、途上国の脆弱層に直接サービスを提供しようとすればす
るほど領域が拡大し、コストもかかるが、その活動や経費を支えるメンバー
国の拠出金は、先進国の経済の悪化で減少している。他方、図 1-3 で高い経
済成長率を示している新興国は、先進国が作ったグローバルガバナンス構造
を支えることより、独自のチャンネルで外交や途上国支援をしようとする場
面が増えている。

　しかし、既に拡大した国連を縮小させるのは難しく、期限までに到底達成
できないような野心的な目標を掲げ続けることが、社会経済的なサービスを
提供する国連専門機関等の存在意義を裏付けるようなことにもなっている。
言い換えれば、国際目標（理念）とそれを実施するためのガバナンス構造が相
互に依存しながら自己維持を続けている。その一方で、その構造全体が世界
の様々な場所での格差や社会問題への対応という観点からは非効率化してい
く。そして、その理念や構造と現実の間のズレから、国連システムの外で活

動するアクターが増え、国連システムの影響力の低下をもたらしている。

　こうした現状は、国家の代表が国民の利益を代表しており、その代表者が民主的に協議と多数決をすれば、国際的な秩序が維持されるはずだという主権国家の発想とその延長上に作られた国連の仕組みが現実から乖離していることを示しているとも言えるかもしれない。国家の代表は国民の多様な利益を代表しているとは必ずしも言えず、むしろ国連の議場に表れるのは外交上の国益のせめぎ合いである。では、国家では、その役割が果たせないとするならば、グローバルな価値の実現に資する組織や構造は存在するのか。

(2) 国家でないアクターの水平的ネットワーク化

　さきに触れたように、SDGs 策定の頃は、MDGs 策定に向けた議論がされていた 90 年代末から 2000 年頃とは比較にならないほど、情報技術が進歩していた。従って、人々が意見を表明したり、会合に参加するのに、実際に会議場に行くことは必須ではなくなりつつあった。もちろん、コロナ禍より数年前であり、公式の議論はやはり議場で直接行われることが前提であった。しかし、ネット上や SNS での意見発信や情報取得、重要とされた文書の引用と再解釈は、これまでにはないペースで進んだ。国連メンバー国の省庁の代表者、国連機関や国際 NGO の連合体の代表者ぐらいでなければ会議場にも入れないか、入ってもマイクも回ってこないのが普通である国連での意思決定が普通だった時から考えると、国の代表でなくても、一個人のネット上やオンラインチャットでの発信がインフォーマルな議論を喚起するだけでなく、影響力が高ければ公式な会議場での議論にも反映しないとも限らない、という意味で、参加者の多様性とすそ野が大幅に広がった。これは特に、国境に関係なく、グローバルで普遍的なテーマに関する議論を展開する人々を水平的にネットワーク化することで強い影響力を生むことがある。例えば、私が観察してきた教育分野では、「教育は人権であり、全ての人が生涯学び続ける機会を奪ってはならない」といった広義な規範的メッセージのもと、Global Campaign for Education (GCE) という国際 NGO の連合体などが横

に連携し、国連会議に参加する各国の政府に同時多発的に影響を与えようと働きかけるといった状況が見られた。NGO 以外でも、研究者や専門家なども、共通のテーマ関心によって水平的につながる傾向が強い。

意見の送受信のための手段の多様化は、一方では散漫化と表裏一体で、大勢の声は発せられているが具体的に国際目標の内容などには収れんしないという側面もある。結局最後に国際目標の文面を考えているのは会議室にいる数名、という実態もある。しかし、通信技術の進歩は、物事に影響を与えるために国連を中心とした垂直的意思決定構造の不備を埋めざるを得ないアクターたちの創意工夫と相まって、会議室外での多面的な言説の生成、発展をもたらすこととなった。

尚、読者の中には、国家や市民社会だけでなく、企業が SDGs 策定にどのように関わったかに関心をお持ちの方もおられるだろう。国際目標の策定過程での民間企業の役割は従来、さほど大きくなかった。企業にとっては、国際目標が何を謳っていようと自社の製品を売るのにあまり関係なかったと言えるかもしれない。ただ、SDGs の場合は、策定段階から、企業も含めた多様なアクターを巻き込む必要があると喧伝され、エネルギー、気候変動、保健や教育の分野などで、目標策定に企業が積極的に関与した例もある。しかし、それも SDGs 全体の議論からすれば一部だったと言える。企業が SDGs に言及するようになったのは、各国に SDGs 推進本部などが設置され、企業の実施状況もモニターされるようになってからだと思われる。

本節では、SDGs に焦点を当て、国連の中でそれがどのような経緯で展開し、ガバナンス構造にどのように条件づけられてきたかを概観した。SDGs が策定された時点では、17 の目標はそれぞれ異なる関係者の間で議論され、一つに束ねられただけで、相互の関連付けはほとんどされていなかった。それは今もあまり変わっていないかもしれない。各国の政府では、分野ごとの縦割りで、省庁横断的な取り組みは生まれにくいし、MDGs の流れを汲む「国際開発」的な側面とリオ＋ 20 の流れを汲む環境保全的な側面は、前者が文系的で後者は理系的な傾向もあり、関わる人々が違うことが多い。そうし

た制度的な分断がこれから徐々に解消されていくのか、結局ほとんど調整されないのかはまだ分からない。しかし、「持続可能性」言説のすそ野が広がり、国連の意思決定などに関心も縁もないような多くの人々が行動するときの判断にこの概念が影響したり、持続可能な開発を実現しようとするプロジェクトなどの現場で、政府や企業、市民社会の垣根を超えた連携が当たり前に行われるようになれば、現実に根差した問題意識やそれを解決するための仕組みを積み上げる形で、国際的なメカニズムも変わっていくかもしれない。

4. 文化、社会と持続可能性──ローカルな知の再文脈化

　本章では、グローバル・ナラティブとしての「持続可能性」及び「持続可能な開発」に影響してきた要因を、思想、ガバナンス構造、経済システム、国家間力学等の観点から論じてきた。グローバル・ナラティブは、現実に我々の日常世界で起きていることについて語っているようで、実際はかなり離れていて、抽象的である。そのため、そのナラティブ自体が無意味なように思えることもあるが、それが我々の日常の出来事に名前や意味を与えることによって日常を規定するようにもなってくる。

　一方、こうしたグローバル・ナラティブは、近代化や科学技術の進歩の延長線上に持続可能な社会を理想形として位置づけているが、この思考枠組み自体を受け容れて社会変革を謳っても、所詮、本質は何も変わらないという批判がある。そうした批判が、1-2-2 節の図 1-1 の右上の象限で示したような、人間中心主義から脱却し、人間を含む生物圏自体をとらえる思想や制度にパラダイム転換すべきだという議論につながっている。

　さて、そうしたパラダイム転換はいかにして可能になるのか。そもそも我々自身が個人主義的で人間中心的な認識枠組みにどっぷりつかっていて、そこから自由になることができないのではないか？

　こうした本源的なジレンマに対して、ボヌイユ・フレソズ (2018) は、歴史の過程で、野蛮であるとか、発展段階が低いとして排除され、周縁化されて

きた非西欧的な文化や知の中に、閉塞状態を打開する解がある可能性を指摘している。例えば、東アジアの儒教文化圏には、中庸と調和を重んじる思想が古くから存在する (Li, et al. 2016)。インドにも類似の思想的伝統があるという指摘がある (Kakati 2021)。また、筆者がこれまで研究を行ってきたサブサハラ・アフリカの伝統的な口承文化の中には、人間性が、一個の人の中に「個人」として帰属しているのではなく、他者と自己が一緒に主体的に関わるなかで授けられるという思想がある。「私」は厳格な主体ではなく、他人との関係と距離に依存し、常に変化する。こうした共生と相互依存の思想の根底には、人間同士の関係性だけでなく、環境や自然に宿る神、先祖などとのつながりを重視する考え方が存在する (山田 2022)。これらを、「私たちの文化の中にも昔から『持続可能性』に関する思想はありました」、と紹介することは、せっかく独自のコスモロジーに基づいて環境や他者との共生知を築いてきた文化を、西欧的な枠組みに矮小化してしまうことにもなりかねない。

　持続可能性言説の中で文化に言及される場合は、古い文化を保全するといったニュアンスで語られることが多い。つまり、都会や先進国の文化が入って、どこの社会も同じようになってしまうのでなく、多様な文化のどれもが同じように大事なので、保全しようという文化相対主義である。しかしそれは、異なる文化の中にあるコスモロジーや知の体系から学ぶことを放棄し、思考を停止させた不介入主義とも取れる。伝統知を西欧枠組みに押し込めるのでもなく、文化相対主義に陥るのでもなく、人々の生活世界の中で、どのような共生の思想が存在してきたのかをとらえ直すこと、再文脈化することが、ひいては我々の「持続可能性」に関する思考を広げることにもつながるのではないだろうか。

注

1　持続可能な開発に関する国際会議の歴史については、様々な形で要約されているが、本章では、Cabellero (2016)、Li et al,（2016）、Papuziński (2008)、Telleria and Garcia-Arias（2022）どを参考にした。

2　原文は下記の通りである。"Humanity has the ability to make development sustainable to ensure that it meets the needs of the present without compromising the ability of future generations to meet their own needs. The concept of sustainable development does imply limits – not absolute limits but limitations imposed by the present state of technology and social organization on environmental resources and by the ability of the biosphere to absorb the effects of human activities."

3　途上国の開発にとって効果的な援助 (Aid effectiveness) になるためにどのような方法を採るべきかという議論は第二次大戦直後から続いているが、2005 年に OECD が主催した国際援助効果会議が発表したパリ宣言の 5 原則が有名である (OECD 2005)。

4　紛争や災害、人権侵害や貧困など、さまざまな地球的規模の課題から、人々の生命、身体、安全、財産を守ること

5　マルクス主義の再解釈を通じてコモンズ論に言及している例は、ほかに、ネグリ・ハート (2003)、斎藤 (2020) などがある。

6　例えば、国連教育科学文化機関 (UNESCO) は教育・科学・文化、世界保健機関 (WHO) は保健・人口の専門機関である。国連システムの中には、基金やプログラムといったカテゴリーもある (たとえば、UNICEF は国連子ども基金である)。国連以外に、開発融資や金融に関わる世界銀行や国際通貨基金などもある。

7　BRICS は、2000 年代以降に著しい経済成長を遂げたブラジル、ロシア、インド、中国の総称。南アフリカを含めることも多い。

8　一部、個人や団体からの寄付もある。

引用文献

稲岡大志 (2018)「ホッブスにおける信頼と『ホッブズ問題』」小山虎編『信頼を考える－リヴァイアサンから人工知能まで』勁草書房, pp. 3-14.

外務省 (2021)「主要国の国連分担率の推移」https://www.mofa.go.jp/mofaj/files/100091311.pdf （2022 年 3 月 24 日アクセス）

斎藤幸平 (2020)『人新世の「資本論」』集英社, pp. 375.

斎藤文彦 (2005)『国際開発論－ミレニアム開発目標による貧困削減』日本評論社, pp. 302.

サルトゥー＝ラジュ、ナタリー著、高野優監訳 (2014)『借りの哲学』太田出版, pp. 229.

鈴木紀 (2001)「開発問題の考え方」菊池京子編『開発学を学ぶ人のために』世界思想社, pp. 10-33.

28

ネグリ、アントニオ、マイケル・ハート著、水嶋一憲ほか訳（2003）『〈帝国〉グローバル化の世界秩序とマルチチュードの可能性』以文社, pp. 580.

ボヌイユ、クリストフ、ジャン＝バティスト・フレソズ著、野坂しおり訳（2018）.『人新世とは何か ―〈地球と人類の時代〉の思想史』青土社, pp. 422.

山田肖子（2009）『国際協力と学校－アフリカにおけるまなびの現場』創成社新書 , pp. 230.

山田肖子（2016）「SDG4 形成過程の言説分析に基づくグローバル・ガバナンス再考」『国際開発研究』25 巻 1・2 合併号, pp. 17-33.

山田肖子（2022）「発信と共感を伴う知識― アフリカ伝統社会での知識観から情報駆動社会への照射―」『教育哲学研究』125号, pp. 39-45.

Caballero, Paula（2016）. A Short History of the SDGs. *Impakter.* https://impakter.com/short-history-sdgs/（2022 年 3 月 24 日アクセス）

Conference Board（2020）. *Global Economic Outlook 2020.* https://www.conference-board.org/topics/global-economic-outlook（2022 年 3 月 24 日アクセス）

Dreher, Axel and Andreas Fuchs（2015）. Rogue aid? An empirical analysis of China's aid allocation. The Canadian Journal of Economics / Revue canadienne d'Economique, Vol. 48, No. 3, pp. 988-1023.

Fiske, Desirée（2022）. Towards an Anthropocene Narrative and a New Philosophy of Governance: Evolution of Global Environmental Discourse in the Man and the Biosphere Programme. *Journal of Environmental Policy & Planning,* Vol. 24, No. 1, pp. 109-122.

Hirst, Paul（1994）. *Associative Democracy: New Forms of Economic and Social Governance.* Polity Press, pp. 222.

Kakati, Bhaskar Kumar（2021）. Sustainability in the study of Gandhian economic philosophy. *Area Development and Policy*, preprint. https://www.tandfonline.com/doi/full/10.1080/23792949.2021.1999170（2022 年 3 月 30 日アクセス）

Li, Ying, Hao Cheng, R. J. S. Beeton, Thomas Sigler, and Anthony Halog（2016）. Sustainability from a Chinese cultural perspective: the implications of harmonious development in environmental management. *Environment Development and Sustainability*, No. 18, pp. 679–696.

Nussbaum, Martha Craven（2007）. *Frontiers of Justice: Disability, Nationality, Species Membership,* The Belknap Press, pp. 512.

Organisation for Economic Co-operation and Development（OECD）（2005）. *Paris Declaration on Aid Effectiveness.* Paris: OECD.

Polt, Richard and Jon Wittrock, Eds.（2018）. *The Task of Philosophy in the Anthropocene: Axial Echoes in Global Space.* Rowman & Littlefield International, pp. 225.

Papuziński, Andrzej（2008）. The Philosophical Dimension to the Principle of Sustainable De-
　　velopment in the Polish Scientific Literature. *Sustainable Development*, Vol. 16, No. 2, pp.
　　109–116.

Sen, Amartya（1992）. Inequality Reexamined, Clarendon Press, pp. 224.

Strange, Austin M., Andreas Fuchs, Axel Dreher, Brad Parks, and Michael J. Tierney（2018）.
　　*Financing Development, Globalisation China's overseas development programs: busting "rogue
　　donor" myths*. Globaldev. http://globaldev.blog/blog/china%E2%80%99s-overseas-
　　development-programs-busting-%E2%80%9Crogue-donor%E2%80%9D-myths
　　（2022 年 3 月 24 日アクセス）

Telleria, Juan and Jorge Garcia-Arias（2022）. The fantasmatic narrative of 'sustainable devel-
　　opment'. A political analysis of the 2030 Global Development Agenda. Environment
　　and Planning C: *Politics and Space*., Vol. 40, No. 1, pp. 241-259.

United Nations（2012）. *The Future We Want: Outcome Document of the United Nations Conference on
　　Sustainable Development.*

Voget-Kleschin, Lieske（2013）. Employing the Capability Approach in Conceptualizing Sus-
　　tainable Development. *Journal of Human Development and Capabilities*, Vol. 14, No. 4, pp.
　　483-502.

World commission on environment and development（WCED）（1987）. *Report of the World
　　Commission on Environment and Development: Our Common Future.*

Yamada, Shoko, Ed.（2016）. *Post-Education-For-All and Sustainable Development Paradigm: Structural
　　change and diversifying actors and norms*. London: Emerald Publishing. pp. 392.

第2章

批判的言説分析
——言葉の分析から社会の構造と力学を知る

山田肖子

1. 言説分析とは何か

　批判的言説分析とは、言語を中心に、その言葉を用いて会話をし、意見を交換する人々の関係性と、その背景にある人々の間の力学や、社会構造、価値観、文化などを紐解く研究アプローチである。本書ではこれまで「持続可能性」「持続可能な開発」という言葉にどのような意味が与えられ、それがどんな思想を持った人々によって議論され、国際的な場での合意形成に用いられてきたかを述べてきた。人間は、書くにしろ、話すにしろ、言語なしにお互いの考えを知ることは難しい。もちろん、対面の関係であれば、ジェスチャーや表情から読み取れるものも多い。実際、言語的なインターアクションはなくても、人は置かれた状況で何となく雰囲気を読み取って協調行動をするものだ、という心理学的な研究も多く存在する (Gergen 2009; Goody 1995)。しかし、持続可能性のようなグローバル・ナラティブについては、やはり言語を介さない分析は難しいだろう。

　個人が考えていることとその理由、そしてそれが行動に反映される様子をとらえるには、いろいろな方法があるだろう。例えば、ある個人をずっと追いかけ、その人に何度も話を聞いて、「さっきはどんな考えでああいう行動を取ったのか」と説明を求めることもできる。これは特定の個人の視点から見える世界を理解しようとする立場である。これに対して、一定の条件を設定して、人々の行動を類型化するアプローチもある。例えば、大規模なアン

ケート調査で、所得や性別、教育歴などとともに、「○○の状況であなたが取る行動を次の選択肢から選びなさい」という質問をしたとしよう。この場合、調査者は、どういう属性の回答者がどういう行動を取る傾向があるかを分類しようとしている。つまり、自営業の男性とか、教育歴が高い女性といったカテゴリーと、ある状況での行動を関連付けてパターン化する。前者は、個人から始まるボトムアップな研究アプローチ（解釈主義と言われる）で、後者は「大体こんな要素で人を分類できるだろう」という想定を元に、それを多数のデータに当てはめて検証するアプローチ（実証主義と言われる）である。しかし、いずれの場合も、観察したり分類したりする対象は"個人"である。そして、個人の外形的な属性に関する情報は比較的集めやすいが、彼らの思考の流れ、さらに個人が他者の思考に影響を与えたり与えられたりする過程をとらえることは難しい。

それに対し、言説分析における**分析対象は"言葉"**であり、その言葉をどういう意味で使っているか、である。もちろん、言葉は「話者／筆者」と「聴衆／読者」に紐づいているし、それらの人々は組織や社会に属し、人間関係の複雑な網の目の中に組み込まれているので、結局、人間や社会を分析することに変わりはない。しかし、言葉を追いかけることによって、我々は既存の場所や集団に縛られずに人と、彼らの思考の流れをとらえることができるようになる。従って、国籍、民族、居住地、学歴、性別などの属性が何らかの考え方に影響するかどうかを先に想定する必要はないし、また、思いがけないところで人々の思考がつながっていることを発見できるかもしれない。

例えば、本書の第1章で、SDGs が決められた2015年前後には、その前の国際開発目標である MDGs が合意された2000年頃より、通信技術も発達し、国家間の経済的・政治的な勢力関係が変化したこともあって、言説の形成され方に変化があったと述べた。つまり、従来のように国連が主催する会議の議事録だけ見ていても、その議事録に至る過程で、誰がどういう理由で言説に影響を与えたかが十分に把握できない状態になった。「国家」「国際機関」など、従来想定してきた分類と違う、でも何かに関して同じ考え方をする集

団が形成されているのかもしれない。彼らが SNS などの従来と違うメディアでつながっているのだとしたら、国籍などは重要な分類要件ではないのかもしれない。

　つまり、我々が把握しなければならないのは、物理的空間でのやり取りでは必ずしもなく、「持続可能性」という用語を符牒として、人々がそこに意味を与え、循環させ、定着させる場となっている共通の**認識的空間**（Epistemic space）である。「持続可能性」という共通の用語を用いて自らの見解を示し、他者の見解を引用したり修正したりする過程が繰り返されることで、用語自体に新しい含意が付加され、「持続可能性」とは何かという共通認識が形成されていく。そしてこうした共通認識は、本来、自由に自分の意見を発することが可能であるはずの個人が、無意識に一定の社会通念に基づいた行動をすることにもつながる[1]。つまり、「この集団（職場、学校、地域など）では〇〇な行動をしたら非常識だと思われるかもしれない」とか、「ほめられたり喜ばれたりするためには××と言ったほうがいい」などといった判断が働いて自己の言動がいつの間にか調整されている。

　ここで、共通のファッショナブルな用語があるということは、研究の重要な条件である。行政官も企業人も NGO スタッフも教師も生徒も、多くの人がこの言葉を使いたがるということ ——その事実が、言説の分析者をして、言葉とその意味を介して、拡散した人間関係とその人々が属する社会と構造を一つのネットワーク化された体系としてとらえることを可能にする。もし、この用語が一部の人の間でしか使われていなければ、それを入り口とした分析も、一部の人の思考やインターアクションのみを対象にしたものになってしまう。私が、2012年ごろから「持続可能性」を中心とした言説を分析し始めたのも、この用語を使って話すことが、物事をよく知っていて、先進的である、というイメージが一般化して、多くの人がこの用語を使って自分の意見を表明するようになれば、すそ野の広い言説分析が可能になるという予測があったからである。

　このように、概念にはもともと確立された意味があるわけではなく、いろ

いろな目的や意図を持った人々のインターアクションの中で社会的に構成される。そして意味は、その言葉を使ったインターアクションが続く限り、少しずつ変化し続ける。言い換えれば「持続可能性」の意味は、同時代の中でそれを使う人々の立場や思想に依存するだけでなく（**共時的変化**）、時間の経過によっても変化する（**通時的変化**）（フッサール 1997；デリダ 2005）[2]。「持続可能性」概念について、それらの変化を時間軸と空間軸の相関の中でとらえることが（本書刊行時点ではまだ十分にできていないが）この研究の目指すところである。

　「言葉ばかり分析しても現実とは関係ないじゃないか」と思う読者もおられるかもしれない。実際、人々の日常の仕事や生活は、それを「持続可能性」という概念を使って語るかどうかに関わらず、切れ目なくつながっている。「持続可能性」とかサステナブルとか言ってみるのは今だけの話で、流行が去ったら別の言葉を使うのかもしれない。しかし、第 1 章でも述べたように、グローバル・ナラティブは、語りであるだけでなく、その語りの中で共有化された"あるべき"社会の姿を具現化するための資金制度や国際合意、国家や企業の構造として具現化される。つまり、ナラティブは社会構造を規定するし、その社会構造は我々の日常の生活世界にも影響を与える。同時に、我々の目の前の現実が、言葉の意味付けに反映もされる（バーガー＆ルックマン 2003；ハバーマス 1985）。つまり、概念と現実、認識（Epistemology）と実存（Ontology）は相互に影響し合い、それによって言葉の意味は共時的、通時的に変化し続けるのだ[3]。

　最後に、前述の通り、2010 年代に入ってから、インターネットを通じて、言説への参加者が多様化、拡散化した。取り交わされる言葉やテキストの量も爆発的に増加した。私自身、従来は、言説に影響を与えていると思われる個人や組織が発行した文書や新聞、インタビューのテープ起こし原稿などを手作業でコーディングする定性的な分析することが多かったのだが、それでは現代の言説を全体的に捉えるには不十分だと感じるようになった。つまり、ピンポイントで特定の個人や組織の言葉だけに焦点を当てても、その対象を

抽出すること自体に分析者である私の先入観が働いてしまう。そこで、数年前からネット上にある大量のテキストデータを何とか分析に使えないかと考えた。これは、批判的言説分析のアプローチはそのままに、時代に合わせて手法のイノベーションを図ることであった。本書では、私自身が行った分析（この節に続く第 2 章 2 節と第 3 章）と仁平氏らの第 4 章は、計量的手法を取り入れた言説分析である。私は、第 2 章 2 節では、英語で刊行された学術論文のデータベースからデータを取得した。また、第 3 章では、同じ大学の工学研究科の同僚に、インターネットからの文書ダウンロード、テキスト化のプログラムを作っていただき、それを使って取得したテキストを分析に用いている[4]。仁平氏らは新聞データベースや企業の CSR レポートをデータとして使っている。これらは、方法論としてまだ実験段階ではあるが、大量情報発信時代の批判的言説分析のブレークスルーの可能性として、読者のご意見をいただければ幸いである。

　では、抽象度の高い話はこの辺にして、そろそろ「持続可能性」に関する実証的な言説分析から見えてきたことを議論していこうと思う。

2.　学術的文献にみる「持続可能性」概念の通時的変遷

　第 1 章で、1987 年に国連「環境と開発に関する世界委員会」が発表したブルントラント報告書の中で初めて「持続可能性」という概念が用いられ、そこからグローバル・ナラティブが形成されていく過程で、様々な力学、社会構造、価値観が絡み合ってきたことを示した。では、言説が生まれてくる背景を理解したうえで、実際に「持続可能性」という言葉を用いて、どのようなテーマの議論が、どのような人々によって行われていたのかを考えてみたい。

　大きな流れを知るため、Web of Science というデータベース[5]に所収されている学術文献を簡単に分析してみることとする。このデータベースは、研究

論文のオンライン目録のようなもので、文献をタイトルや内容によって検索することができるようになっている。データベースには非英語の文献も含まれているが、AIが英語に自動翻訳したタイトルが内容を正確に反映していないことも少なくないため、今回は、もともと英語で書かれた学術文献（研究論文、会議録、論説、書評、本の章）のみを分析対象とした。また、Web of Scienceの特性として、企業広告や政府の政策文書、一般の人々がSNSに発信した内容などは含まれない。そのため、流行語大賞の候補にまでなった「持続可能性」概念が、一般の人の生活にどのように浸透しているかを直接的に捉えることはできず、ここでの分析は、**学術的な世界での傾向**を示すものとしてご理解いただきたい。必ずしも我々の日常の肌感覚とは合わない部分もあるかもしれないが、学術的議論と肌感覚がずれるとするならば、そこにも一定の背景があるはずなので、その辺も考えてみることができるだろう。

　まず、1990年1月1日から2021年の12月31日までの間に、"Sustainable（持続可能）"及び"Sustainability（持続可能性）"[6]という単語をタイトルの中で使っている英語文献を検索したところ、144,482件ヒットした。もちろん、タイトル以外でこれらの単語を使っている文献を含めると数はもっと増えるが、「持続可能性」という言葉が流行っているからこそ、その論考の中心的な内容に関わりが低くても、執筆者が今日的なニュアンスを出すためにこの言葉を文章の中で使う可能性は高い。そこで、「持続可能性」を主題としていない文献が多く紛れ込むことで、言説のトレンドが分かりにくくなるのを避けるため、今回はタイトルでこの単語を用いている文献に限定した。

(1) 発行文献数の経年変化

　まず、発行年による変遷を見てみよう。**図2-1**で示すように、1990年から一貫して、年を経るごとに右肩上がりに「持続可能性」に関する論文が増えている。つまり、「持続可能性」という言葉を使って意見や研究結果を表現する人々や文献の数が年々増えているということである。過去には自分の研究成果を別の言葉を使って説明していた人でも、次第に「持続可能性」という概

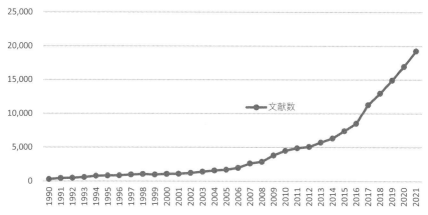

図 2-1　「持続可能性」をタイトルに入れた論文数の変遷（1990 ～ 2021 年）
出所：Web of Science の検索結果に基づき筆者作成

念を使う方が他人に分かってもらいやすいと感じたり、この概念を接点とし
て、別の専門分野の人々とも関心を共有するようになったりする。それによっ
て、従来からある研究分野に変化が生じるだけでなく、新しい複合的な研究
領域が生まれているかもしれない。いずれにせよ、全体としてこの言葉を使っ
て意見を表明する認識上の空間が拡張していることは間違いないようである。
前述した通り、「持続可能性」概念を取り巻くこの認識上の空間を形成してい
る人々は、実際に顔見知りである必要も、同じ組織に属している必要もない。
単に使う言葉の意味付け、という点でつながっているだけである。右肩上が
りに文献数が増えていると述べたが、1990 年代には、それほど増えているわ
けではない。全文献数 144,482 に占める各年の文献数の割合は、90 年代を通し
て 1% 以下で、ようやく 1% を超えるのは 2004 年（1,581 件、1.1%）である。つまり、
1992 年に地球サミットが開催され、10 年ごとに国連環境会議が開催されてい
たと言っても、まだその概念を用いて議論をする人々は、一部の研究者や国
際機関や政府の特定部門の人に限られていたということである。
　図 2-1 からは、2000 年代に論文数の伸び率が少しずつ高まっていることが
見て取れるが、では、2015 年に SDGs が国連サミットで合意されたことが直

接的に文献数に反映されたかと言えば、それほど明確なつながりがあるとも言い切れない。つまり、国連会議という公式な場で議論され、国連メンバー国の代表が署名しているという明示的な構造が言説に影響するとしても、それは少し時差があることが伺える。第1章で説明したように、SDGs形成に向けたグローバルな議論は実際の会議の3年ぐらい前から始まっており、また、SDGsが採択された後に、各国でそれを実現するためのメカニズムが策定されたりするのに数年かかっている。こうした現実の制度設計などと呼応する形で、「持続可能性」とは何なのか、それを実現するための手段とはどんなものがあるのか、といった議論が徐々に高まっていったのであろう。

(2) 文献の分野に見る経年変化

　ここまでのところ、言説空間の広がりは確認されたが、具体的に「持続可能性」という言葉をどんな論考の中で使っていたのかはまだ分からない。そこで次に、Web of science 所収文献の分野の分布を見てみよう。Web of Science は、採録している文献を全て、独自に設定した学問分野のカテゴリーに沿って分類している。表2-1 は、年代ごとに文献の分野の変遷をまとめたものである。2020年代に文献数が上位20位までに入った分野について、過去の傾向が概観できるようにした。出現頻度順に羅列しても分かりにくいため、(1)環境学系、(2)資源・材料系、(3)化学・物理系、(4)土木・建築系、(5)農学・食品系、(6)経済・経営系、(7)教育・社会系にグループ分けした。(1)の環境学系は、「持続可能性」との共起性が極めて高い専門分野で、その傾向は年を追うごとに増している。2010年代以降、多くの競争的研究助成金はその提供機関が政府か民間かにかかわらず「持続可能」「環境」「脱炭素社会」をテーマに掲げるようになり、それによって、従来は多様な研究分野に散らばっていた研究者が、自分の専門性をこれらのテーマに近づけて資金を獲得しようとするようになった。従って、個別に文献タイトルを見ていくと、理系はもちろんのこと、社会学、教育学、心理学、哲学など、人文社会系（いわゆる文系）も含めて、非常に多様な専門にわたる研究が「環境学系」に含まれている。「環

表 2-1　「持続可能性」をタイトルに入れた論文の分野ごとの変遷

分野		1990年代 (1990-1999)	2000年代 (2000-2009)	2010年代 (2010-2019)	2020年代 (2020-2021)
環境学系	環境科学	1,414	3,638	16,220	11,607
	環境学	1,017	2,964	12,345	7,963
	グリーン・サステナブル科学	113	949	17,042	10,968
	環境工学	344	1,633	5,291	2,678
資源・材料系	エネルギー／燃料	344	983	5,214	2,221
	水資源	470	1,094	2,100	797
	材料科学(学際)	28	318	2,374	1,540
化学・物理系	化学(学際)	50	405	3,338	1,468
	物理／科学	13	91	880	753
	化学／工学	116	553	2,304	1,289
土木・建築系	土木工学	187	916	3,265	895
	建築技術	129	585	2,526	841
	地域・都市計画	666	1,502	3,494	705
農学・食品系	農学	783	471	1,187	665
	食品科学技術	48	229	924	674
経済・経営系	経営学	177	1,146	5,572	1,925
	ビジネス	108	776	4,846	1,728
	経済学	755	1,955	4,976	1,291
教育・社会系	教育学	56	478	3,521	843
	公衆衛生／保健	81	318	1,478	695
～　中　略　～					
総文献数		7,217	19,347	81,713	36,205

注 1：2020 年代に上位 20 位までに入った分野のみ記載
注 2：他の期間は 10 年分のデータだが 2020 年代は 2020、2021 年の 2 年分のみ
出所：Web of Science の検索結果に基づき筆者作成

境学」自体が古くからある学問分野ではなく、持続可能性言説とともに、既
存の学問分野を横断したり、殻を破ったり融合したりして形作られる過程に
あるとも言えるだろう。そして環境学は言うまでもなく、表 2-1 に示したそ
れ以外のカテゴリーでも、既存の学問分野には分類しきれない学際的なもの
が多くなっているのが、この「持続可能性」を取り巻く学問研究の一つの特
徴かもしれない。従って一般化は難しいののの、おおまかに(2)～(5)は理学・
工学系のいわゆる理系分野で、(6)、(7)は文系の研究と言えるかもしれない。
　これらの 7 つの大分類の相対的な割合の変化を示したのが**図 2-2** である。

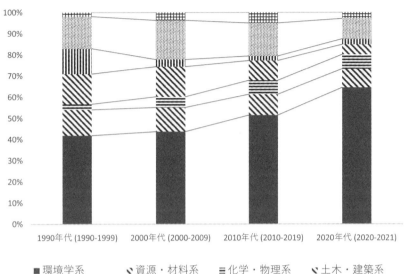

図 2-2 「持続可能性」をタイトルとする論文の分野別傾向 (1990 〜 2021 年)
出所：Web of Science の検索結果に基づき筆者作成

　第 1 章で概観したように、多くの思想家が、「持続可能な開発」は、つまるところ、社会・経済・環境という 3 つの軸で考えられていると述べている。つまり、たとえ人間が自然の支配者ではなく、自然の一部として共存していくのだとしても、人間は環境から糧を得て活動することに変わりはない。従って、人間の営み、特に、モノを交換し、生活の必要を満たすという経済活動と環境は切り離せない。しかし、個人の利益を極大化することだけ考えていては、持続可能性は保てないので、どこかでバランスを取る必要がある。バランスを取るとは、社会全体の公共益や持たざる者の権利、次世代の利益などについて考慮し、道義的な判断をすることである。道義的な判断は、民主主義として制度化される側面、価値として教育などを通じて伝えられる側面を含んでいる。このように、「持続可能性」を思想としてとらえるとき、この社会、経済、環境の 3 つの側面は切り離せないと言われるのである。

　さて、この Web of science 所収文献の分野を見ると、(1)環境学系、(6)経済・経営系、(7)教育・社会系は確かにその 3 つの軸に沿っていると言えそうである。しかし、思想家には環境とほぼ対等に扱われている経済や社会の側面が、研究文献の数としては圧倒的に少ない。前述のとおり、(1)の環境学系は、他の分野を巻き込みながら拡張していて、数の多さが目を惹くものの、必ずしも確固とした一つの分野と言えない多様性が内包されている。しかし、それを横に措いたとしても、経済や社会に関する研究より、理系の割合が高い。また理系のうち、建物や道路、上下水などのインフラ整備（土木・建築系）、農業や食品といった食料生産（農学・食品系）など、人々の生活に直接関与する、いわゆる現場型の分野は減少傾向にある。その代わり、ラボでの実験や、気象・地理データの分析を通して、気候変動の要因を特定し、今後の展望をモデル化したり、再生可能なエネルギーを生み出したりする可能性がある分野が相対的に存在感を増している。言い換えれば、研究の世界での「持続可能性」言説は、人々の生活世界からは離れていっている。このことは、「持続可能性」「サステナブル」という言葉が一般の人々の生活の中に入り込み、流行語、企業広告、果てはドラマのタイトルにまでなっている状況と比べると、研究者は全く違う世界に生きているのではないかと思うほどのギャップである。これは、多くの人々が日常的に読む新聞記事を分析した第 4 章の傾向とも大きく乖離している。言うならば、すそ野の広い「持続可能性」言説の中で、多くの人の生活世界では、持続可能性は経済や社会、教育の問題として認識され、行為されているのに対し、学術の世界では「理系の技術」の問題になりつつある。

3.　我々の生活世界と学術的言説の乖離

　「技術の進歩によって、資源としての自然を人間がコントロールし、保全できる」という考え方が、「持続可能性」言説の一つの大きな流れとして存在することは、第 1 章でも述べた通りである。携帯電話の普及や衛星などによって、人やモノの動きに関してビッグデータが日々蓄積され、データで世の中

を語る可能性が以前より高まっている。それと並行して、エビデンスに基づく意思決定の必要性が謳われ、データの裏付けがない主張は感情的に過ぎないとさえ言われかねない。個人が全てデータに帰し、人間社会及び人間と自然の関係が全てモデル化でき、コントロールできるのであれば、持続可能性は、既存の社会構造を変えず、現状の延長線上で、いくつかの要因の掛け合わせを調整することで達成できることになる。言い換えれば、科学技術への期待は、現状維持の志向性と表裏一体でもある。新しい技術や科学的知見は、新しいビジネスの機会をも生み、「持続可能性」とそれへの貢献を謳うことが商品になる。つまり、環境を保全するためには、人間の経済活動を減速しなければいけないのではなく、技術進歩によって、持続可能性ビジネスという新しい領域で、経済活動はそのまま進めることができるというわけである。

　こうした技術進歩へのあくなき信頼と産業発展が、生態系や地層に本質的かつ不可逆的な影響を与えてしまったと言われ、その近代化アプローチの限界や調整すべき社会的、政治的課題について、理論家が様々な指摘をしてきたことは既に述べた通りである。しかし、まさにそうした理論家が生息しているはずの学術の世界において、「技術で自然をコントロールし続けることが可能」という信念が主流化しているのである。そこには、学術の役割を技術や手法の開発のみに矮小化し、政治・経済などの社会制度やそれを基礎づける哲学や思想を従属的なものとみなす傾向が内在する。自身が“文系”学者であるが故のひがみに聞こえたらよろしくないが、第1章で概観した「持続可能性」の思想的系譜を考えたときに、科学技術で持続可能性の達成に貢献しなければ研究として価値がない、という発想に加担する前に一歩踏みとどまる必要は感じている。

　「持続可能性」が何であるかについて、本質的な合意もないことは、言説分析から明らかであるのに、我々はどの定義に基づいて貢献を語っているのか？哲学者が人新世の危機を伝え、国連システムが国際問題を前に無力な様をニュースで目撃しながら、我々は現状の延長線上に持続可能性を語ることができるのか？そうした思考を深めていくことは、人間社会の在り様を照ら

し、道筋を示すために研究が果たせる重要な役割かもしれない。「持続可能」な社会を実現するための研究につき、改めて考察する必要があることを、この Web of Science の分析が示してはいないだろうか。

　学問の世界での言説は、環境保全に関わる理系の技術、ラボ研究が主流になっていたが、「持続可能性には環境・社会・経済の 3 つの観点が必要」とは多くの人々が指摘していることである。そこで、次章からは、実際に人々が生活や仕事の場で接する用語としての「持続可能性」の言説を、特に「社会・経済」に関するテーマに焦点を当てて分析した結果を示すこととする。

　第 3 章は「持続可能性」と「教育」という二つの概念の接合され方を深堀する内容になっている。学術論文を分類した本章の表 2-1 では、「教育・社会系」というカテゴリーに入れた文献の大部分は教育に関するものであった。「社会」といっても、それは人々が暮らす日常のあらゆる側面を含む膨大な領域である。したがって、社会課題すべてを分析の対象とすることで、却って焦点が曖昧になることを避けるため、第 3 章は、持続可能性と「社会」の関係で言説をとらえるうえで重要な要素である「教育」に焦点を当てた内容になっている。第 4 章「経済」と持続可能性の関係についてのメディアと企業の反応、第 5 章は企業広告における持続可能性への貢献アピールに対する消費者の反応について論じている。

　第 1 章のようにメタナラティブを分析するのと異なり、よりローカルで現実的な、我々の生活世界に根差した言説を論じようとすると、どうしても「持続可能性」議論全体を広く扱っていては無理で、特定の分野に絞る必要がある。そのため、今回は、持続可能性の 3 つの観点「環境・社会・経済」について、それが論じられる言説空間や参加者が限定された事例分析を紹介する。包括的ではないかもしれないが、同時に、ローカルになればなるほど言説空間は多様である。それらを総合したり類型化することは本書の範囲を超えるが、一定の接近を試みたものとしてご理解いただければ幸いである。その接近の手法は、従来の言説分析の限界を乗り越えるべく、それぞれの執筆者が工夫を凝らしているので、その点も注目していただきたい。

44

注

1 ブルデューは、このように、個人には自覚されない知覚・思考・行為を生み出す性向をハビタス―実践のシステム―と呼んだ（Bourdieu 2000, pp.148-183）。

2 既存の社会構造が確立されていて不変だという前提からではなく、人々のインターアクションの中から社会構造が作られるのだ、という、「脱構築」の発想を提唱する学問的立場をポスト構造主義とも言う。

3 人々の認知に基づいて、社会構造や現象をとらえようとするアプローチを現象学と総称する。こうした分析の方法として言語を媒介とするコミュニケーションに関心が向けられている。

4 ネットからの文書のダウンロード、テキスト化のために、名古屋大学工学研究科・吉川大弘研究室（現・鈴鹿医療科学大学）の支援を受けた。また、定量テキスト分析には、立命館大学・樋口耕一教授が開発した分析ソフトである Kh Coder を使用した。

5 Web of Science とは、Clarivate Analytics 社が提供する学術文献データベースで、世界中の学術雑誌約 12,000 誌を影響力の高さによって選定して採録している。

6 "Sustainab*" という検索条件により、語幹が Sustainab となっている単語（Sustainable, Sustainability, Sustainablly）が抽出される。

引用文献

デリダ、ジャック著、林 好雄訳 (2005)『声と現象』ちくま書房.

バーガー、ピーター・L.、トーマス ルックマン著、山口 節郎訳 (2003)『現実の社会的構成―知識社会学論考』新曜社.

ハバーマス、ユルゲン著、河上 倫逸訳、平井 俊彦訳 (1985)『コミュニケイション的行為の理論』未来社.

フッサール、エトムント著、長谷川宏訳 (1997)『現象学の理念』作品社.

Bourdieu, Pierre. (2000) *The social structures of the economy*, London: Polity Press.

Dreher, Axel and Andreas Fuchs (2015). Rogue aid? An empirical analysis of China's aid allocation. *The Canadian Journal of Economics*, Vol. 48, No. 3, pp. 988-1023.

Gergen, Kenneth J. (2009) *Relational Being: Beyond Self and Community*, Oxford: Oxford University Press.

Goody, Esther N. (1995) 'Social intelligence and prayer as dialogue' in Esther N. Goody (ed), *Social Intelligence and Interaction: Expressions and Implications of the Social Bias in Human Intelligence*, Cambridge: Cambridge University Press pp. 206-220.

コラム①

教育哲学の視点から

松浦良充

1. 筆者の観点

　興味深い課題設定のもとで、刺激的な話題提供が展開された。あえて少し視点をずらして教育哲学・教育思想史の立場からコメントを試みたい。規範的含意を持つ「持続可能性」概念の原理についての探求とそれに基づく価値形成の観点から、この課題研究にアプローチするという課題を与えられたが、筆者にできることはかなり限定的である。

　筆者は、これまで大学・高等教育(史)やリベラル・アーツ論について、教育哲学・教育思想史の観点から研究してきた。最近では、AI をはじめとする技術革新によって、知識の生成過程が劇的に変容しているなかで、主として大学における知的活動や教育にかかわる概念をどのように組み替えていけばいいか、ということに関心をもっている。こうした技術革新の動向とは必ずしも直接的に連動するものではない(間接的な関係は大いにある)が、SDGs や「持続可能性」は、社会のあらゆるセクターで、急激に「規範」「価値」化してきている。大学もまさにその渦中にある。たとえば Times Higher Education のインパクト・ランキングの基準にも SDGs が入っている。こうした状況のなかで、あらためて「持続可能性」の「意味」を捉え直す機会になる、と考えてこのディスカッションに加わった。

　それぞれの話題提供者による計量的な分析を粗雑な方法論でなぞることになるが、筆者は、sustainability あるいは sustainable development という概念の歴史を、より長いタイムスパンで捉えてみると何が言えるのか、ということを考えた。方法論としては、概念史を扱う者にとっての出発点であるが、*Oxford English Dictionary* (*OED*) に基づいて、語の生成過程や意味変容を捉えていく。*OED* は 2012 年の第 3 版からオンラインになり、毎年改訂増補が行われており、最近は、比較的新しい部分もトレースできるようになっている。さらに二次的な作業として、sustainability や sustainable development の概念史についてのレビュー論文も概観した。研究としては不十分であることは自覚しつつ、そうした作業によって sustainability や sustainable development の意味

46

の構造を、概念史・思想史的な観点から確認することで議論の一助になれば、と考えた。

2. sustainable development の三つの意味

概念としての sustainability が比較的最近になって頻繁に用いられるようになったことは周知の通りであるが、OED によれば、語自体の文献上の初出は 19 世紀前半に遡る。他方 sustainable という形容詞形は、17 世紀から用いられている。元々は法律用語に近く、議論の正当性を維持するという意味合いで使われていた。それが 20 世紀に入って、まずは議論の継続性ということから発展して、持続性という意味で使われるようになり、さらに 20 世紀後半には「長期的な経済発展の持続」という意味が定着した。

OED には、sustainable development という複合語の項目も設定されている。そこでは用例として、①長期的な経済発展の持続、という意味と、今ではおなじみの、②環境保護や天然資源の長期的保全・利用と共存する経済発展、という意味に分類されている。

概念史ということで捉えれば、sustainable development という語が出現する前から、この語の現在の意味内容を共有する概念や思想を、歴史のなかに読み込むことは可能である。特に development は 18 世紀前半からさまざまな意味や文脈で用いられており、sustainable という形容詞を伴わなくとも、現代的な意味にも通ずる用例があることも確認できる。特に development は、教育(学)にとっても重要な位置を占める近代的な概念でもあるので、今後の検討課題になりうる。

ところで sustainable development に関しては、OED の分類のほかに、概念史のレビュー論文における指摘として、第 3 の意味のカテゴリーを立てることが可能であると考えられる (Pisani 2006; Bâc 2008)。それは、③途上国開発(途上国における貧困、自然災害、紛争等の諸問題への対応)による世界全体の持続的な安定と繁栄、である。これは、SDGs に先立つ MDGs にも該当する意味ではないかとも考えられる。OED の sustainable の項において該当する用例は、1987 年に認められる。ここでは development を伴わず、"sustainable agriculture in Africa" という用語である。

3. 意味の関係

この①〜③を概括すれば、大きく、経済、環境、正義という 3 つの使われ

方をしていることになる。本コラムとの考察とは別に、(Wanamaker2018, 2022) は、経済、環境、「社会」の領域が重なり合うところに sustainability を定位しているが、これとも通ずるところがあるだろう。こうした意味把握をどのように捉えればよいのか、ということがディスカッションの論点になりうるだろう。

　①〜③の意味の初出を見ると、①は 1972 年、②は 1980 年、③は 1987 年と経年的な変化をしているようにも思える。しかし、経済発展が一本調子で進んでいくのはなく、環境保護にも目を向けた経済発展へと変容し、そこからさらに単なる環境保護だけでなく、社会正義の担保による発展という流れを想定するならば、これらは、より論理的な展開であると捉えることができる。さらに経年的な変化と論理的な展開という観点とともに、①、②、③を含み込む概念として sustainability や sustainable development が複合的に構成されてきており、それによってより意味内容が曖昧になってきている、と考えることもできる。こうした概念・意味の構造をどのように捉えればよいのか。それぞれの話題提供者の実証的な研究からみるとどのように考えられるのか。議論ができればと考える。

　さらにこうした重層的な意味が形成されるメカニズムについて、特にそれを主導しているのは一体何なのか、ということも考えなければならない。基本的には国際機関の政策文書から出発したわけであるが、この概念をめぐる教育や価値観形成について、政策のレベルの検討のみでよいのか、特に教育に関して考えれば、実践のレベルでまた違った意味が付与されるのか、という論点である。あるいは一体何に主導されて言説空間が主導されていると見ればいいのか、ということも議論できればと考えている。

　特に、仁平先生、唐沢先生、杉谷先生から興味深いお話を伺ったが、企業で意図している意味合いと消費者が受け取る意味理解が異なる場合、例えば企業は①が本音であるのに消費者は③を期待している場合はどうか。その齟齬が必ずしも企業の意図した効果につながらないかもしれないと考えたときに、この概念の重層性のどこがポイントになっていて、どこがこれからドミナントになっていくのか、についても伺ってみたいと考えた。

文　献

Bâc, Dorin Paul. (2008) "A history of the concept of sustainable development: Literature review." *The Annals of the University of Oradea, Economic Science Series.* 17 (2).

Mensah, Justice. (2019) "Sustainable development: Meaning, history, principles, pillars, and implications for human action: Literature review." *Cogent Social Sciences,* 5 (1).

Pisani, Jacobus A. Du. (2006) "Sustainable development - historical roots of the concept." *Environmental Sciences*, 3 (2).

Wanamaker, Christopher. (2022) "The Environmental, Economic, and Social Components of Sustainability." (https://soapboxie.com/social-issues/The-Environmental-Economic-and-Social-Components-of-Sustainability.)

Weissman, Neil B. (2012) "Sustainability & Liberal Education: Partners by Nature." *Liberal Education* 98 (4).

第3章

「持続可能性」概念と教育の接続
──ネット上の言説が示すもの

山田肖子

1. 持続可能性を教えるとはどういうことか

　序章、第1章でも述べたように、持続可能性の思想は、個人と集団、人間と自然の関係性について、根本的な態度や思考の変容を促すものであるが、我々が急に政府や権威ある人から、これからは従来とは違う考えに基づいて行動すべきだと言われても、それが何を意味するのかピンとこない。年月をかけて形成された信念や思考パターンはそう簡単には変わらない。「持続可能性」などという抽象的なワードからは、自分との接点がほとんど見えないというのが、一般的であろう。

　このように、一般の人々の態度が変わることを前提とする思想が生成し、その思想に接合させながら様々な分野の議論が展開する一方で、では、具体的に人々の態度が変わるためには、どのような方法が必要で、そのためにはどんな課題に対処しなければいけないのか、という議論も生まれてくる。「教育」とは、そうした新しい価値観・態度を身に着けた人々を育成する場としての役割を期待されている。既に社会に出た大人ももちろん柔軟な発想で、新しい社会に適応しなければならないのだが、次世代を担う子どもや若者には、時代にそぐう価値観を最初から身に付けてほしい。だからこそ、教育の役割が重視されているのである。

　2020年に導入された日本の新学習指導要領では、「持続可能な社会の創り手」である児童・生徒たちがこれからの時代を担っていくための (1) 知識・

技能 (2) 思考力・判断力・表現力等 (3) 学びに向かう力・人間性等をはぐくむことの必要性が謳われている。つまり、現代では、持続可能性を実現するための道徳観、態度、そのために必要な知識や能力を養成することは、学校教育という制度の根本に関わる基本方針であると宣言されているのである。

　こうした知識・能力は、数学の公式や歴史の年号を暗記するのと違い、「持続可能な社会」を創るために自分はここで何を選択すべきかを判断できることが前提となる。つまり、置かれた状況によって、取るべき行動が決まっているわけではなく、普遍的な正解はないが、それでも目指すべき状況に対して、自分の貢献を論理的かつ道義的に選択することが期待されている。同時に、新学習指導要領の策定に関与した専門家や文部科学省が、「目指すべき状況」について、明確な方向性を示しているわけではない。やり方も、目指す方向も決まっていない能力を形成するとは、学習者にとって難しい要求であるのはもちろんのこと、そのための指導を、学校現場での仕事として求められる教師にとっても困難である。一体何をすれば持続可能な社会を生きる次世代の養成のための教育をしたことになるのか？

　「持続可能な開発のための教育 (Education for Sustainable Development＝ESD)」という言葉をご存知の読者もおられるかもしれない。持続可能な開発を実現するためには、その重要性を人々が認識する必要があるということで、2000年代の初頭に、日本政府がユネスコを通じて普及を呼び掛けた教育活動で、学校の社会科や英語などの授業や課外活動、場合によっては学校外の社会教育などでも実践されてきた。このESDが始まったことで、日本では、2015年のSDGsの採択や、2020年の新学習指導要領の導入の20年も前から、一部の教育関係者の間では、「持続可能性」を保つために個人が何をすべきかを考えさせる役割が学校や青少年の社会活動に期待されていて、そのための教育プログラムを行わなければいけないと認識されていた。

　しかし、当時はまだ一般には持続可能性という言葉が当たり前に流布している時代でもなく、そもそも何をやればESDをやったことになるのかも分

からないところから、ユネスコ・スクールやスーパー・グローバル・ハイスクールに認定された中・高等学校などを中心に、国際交流、英語教育、途上国問題理解、地元の課題解決への参加などの活動が、ESDの事例として報告されてきた。以前からあった国際理解教育や開発教育との違いも明確ではなく、まずは実践してみるところから始まったと言える。

　従って、日本語で「持続可能性」と「教育」というキーワードで検索すると、ESDの実践例の報告やグッドプラクティスの紹介のような文書が極めて多くなる。これは、英語で類似の検索をした場合と顕著に異なる点で、ESDという教育モデルを国際社会に提唱し、主導しようとした日本ならではの状況である。それと同時に、ESDが独り歩きしすぎると、持続可能性を教えるということが、それを担当する教師のための教案や教材のリストにすり替わってしまい、本来言説分析で把握されるべき概念の意味論的な把握からずれかねない。そこで、下記にも詳述するように、本章の分析対象のテキストをインターネットからダウンロードする際、いわゆるESDを教える教師や指導者のための教材・教案は除外している。

　小中学校から大学まで、学校教育が直面する多様な課題と持続可能性の議論はどのように接続し、人々の教育に関する議論に位置づいていったのだろうか。本章では、「持続可能性」と「教育」に関する1990年代からの議論の変遷を追いつつ、今日の日本の教育課題との関係性についても考えていきたい。

2. データと分析方法

　前章（第2章2節、3節）では、Web of Science所収文献を用いたが、本章で用いるデータは、ネット上に掲載されたPDF形式の文書をキーワードと掲載時期によって検索し、ダウンロードしたものである。1990年1月~2021年6月までの期間につき、「持続可能[1]」「教育」という検索ワードを用いて総数3,692件の文書を取得し、定量テキスト分析を行った[2]。同時に、前述の理由で、ESDを実施する教師のための教材が非常に多く検出され、言説の全

体的傾向の把握を妨げる懸念があることから、「教材」という単語が文書中に出現する場合には、分析対象から外れるように設定している。

　この3,692件の文書は、もちろんその内容に関しても考察するが、主な分析対象は単語である。言葉を人々がどういう意味で使っているかを分析する、という言説分析の発想を個々の文章を読み込むことでなく、定量的な手法で実現しようとする場合、関心対象である概念（この場合は「持続可能」）が一つの文書の中や一定の時期にどのぐらいの**頻度**で用いられているか、あるいは、どういう概念と一緒に使われることが多いか（**共起性**）、共起する単語の中でも、特に文中での距離が近いものはどれか（**近接性**）を分析することになる。それによって概念間の関係性、傾向、時代の特性などをとらえるのである。

　私がこのような分析手法を模索したのには、過去の研究での気づきが影響している。私は、2015年のSDGs形成に向けて、「教育」にかかわる国際的な専門家コミュニティの言説がどのように変遷するかを参与観察したのだが（Yamada 2016）、その際、私が自分で設定した基準で文献を選び、それを精読して内容を分類するような従来型の定性的な言説分析では、大量情報発信時代のコミュニケーションの在り方を十分とらえられないと感じたのである。2000年頃にも同じように国際目標を設定する過程を分析していたのだが、その時代とは、通信技術が大きく変化し、言説のすそ野が広がっていた。国連機関等が公式に行ったSDGsに向けたオンライン公聴会のみならず、関心があればSNSを通じて世界中のどこからでも発信でき、ハッシュタグをつけることによって、同じテーマに関心がある人々とつながることができる。従来であれば、先進国の政府関係者やNGOの代表者等しか国際会議に招待されず、途上国の農村から意見を発するようなことはそもそもあり得なかった。SDGs策定の際も、実際には、英語やフランス語などの国際言語を使ったネット上のやり取りに誰でもが参加したわけではない。しかし私は、従来のような、およそ参加者や関心領域が想像できる印刷物と対面のやりとりを前提とした言説分析を技術的に乗り越えなければ、現代の言説形成を本当の意味でとらえることは難しいと感じたのである。

　上述の調査の途中から、私と同じ名古屋大学の工学研究科に所属する吉川大弘氏（当時）とその指導学生のご協力により、Google の検索機能と連動させて、キーワードによって文書を自動的にダウンロードするプログラムを開発していただいた。この方法は、私が設定した検索条件に対して、適合度が高いとして Google が提示してきたものを上位から順にダウンロードする。制約となるのは、私が設定する検索条件に対して、Google のアルゴリズムがどのような基準を当てはめて検索上位のページを提示しているかは公表されていないことである。一般的には、検索エンジンのアルゴリズムは、検索ワードに関連性が高い記述があり、しかもそのウェブサイトが定期的に更新され、閲覧数も多いものから優先的に提示すると考えられているが、明確な証拠はない。また、検索をかけているパソコンの IP アドレスによって、提示されるサイトの選り分けがされている可能性も否定できない。例えば、私が日本の研究室で英語の文献を検索、ダウンロードすると、英語であっても、日本の機関が発行したものが多く検出されている印象がある。これらは、アルゴリズムを握っていることによって、情報の発信と受信を IT 産業の営利企業が操作できる可能性を示唆し、潜在的に重要な問題だと思うが、それはまた別の議論として措いておこう。

　今回の研究では、日本語で記載された文書に特化しているので、基本的には日本語利用者の間での言説の分析となる。英語文献を分析する場合と違い、世界中から発信される可能性があるのに日本から発信された文書が偏って収集されてしまう問題は少ないと言えるが、やはり、広大なネットの世界の分析は、キーワードのちょっとした設定の仕方などでもサンプルの傾向が変わり、まだまだこの手法で精緻な言説分析をするのは難しいと感じている。従って、ここで示すのは、実験的、過渡的な分析であることはご理解いただきたいと思う。同時に、分析者が直接テキストを読んで分析できる量を大幅に超えた発信がなされている現代において、批判的言説分析の地平をいかに広げるかは引き続き重要な研究課題であろう。

3. 発行文献の時系列変化と概念クラスター

　上述の方法でダウンロードできた文書の総数の経年変化を見ると、90年代には、該当する文書がほとんどなかったことが分かる。「持続可能」「教育」という2つの検索ワードに適合し、ダウンロードされた文書数は、1990年には26件しかない。1994年にも29件と、ほとんど増えていない。この2つのキーワードの両方ではなく、「持続可能」か「教育」のどちらかのワードが出現している文書であれば90年代にも数多く存在するのだが、両者をセットで使う人々が90年代にはほとんど存在しなかった。言い換えれば、持続可能性と教育が関連するテーマであるという認識に基づく言説空間は存在しなかったと言える。

　しかし、90年代後半になると、文書数が右肩上がりに増加し、2000年には173件となっている。このように、文書が増えた背景には、文部科学省を中心に、「持続可能な開発のための教育（ESD）」を国際社会に対して提唱していこうという動きが出てきて、その内容や実践方法についての議論が起こってきたことがあるだろう。従って、当初はESDという非常に特化された教育実践に関する議論が中心であったとはいえ、以前は別個に存在した「持続可能性」と「教育」の言説が接合し、一つの言説空間が形成され始めたのがこの時期だと言える。

　この分析に用いた検索・ダウンロードプログラムでは、1回の検索でダウンロードできる文書数の限界があり、いかにネット上に多くの文書が発信されていても、200件未満しかダウンロードできず、しかも1回のダウンロード数は文書の総バイト数やその他の条件によって異なる。したがって、2000年代以降にこの検索条件に適合する文書が実際にいくつあったかは分からない。しかし、第2章で概観したWeb of Science掲載の論文分析からは、2000年代以降、持続可能性に関する学術論文は爆発的に増えていることが分かっている。従って、「教育」と「持続可能性」というキーワードとの組み合わせでネット上に発信された文書も、2000年代以降、大幅に増えてきたであろ

うと類推される。

(1) クラスター分析で得られた 7 つの概念

　さて、文書の出現頻度だけでは、それらの文書の中でどんな意見が表明され、文書を超えて共通するテーマがいかに形成されたのかが分からない。そこで、「持続可能性」と「教育」の二つのキーワードによって、発表時期が1990 年以降の 30 年間にわたる 3,692 件の文書の中で出現した回数が上位 100位以内の単語を対象に、同時に用いられることが多い単語との共起性と、共起する単語間の距離に基づき、単語のクラスターを検出した。

　表 3–1 は、クラスター分析の方法を用い、近接性、共起性が高い単語によって組成した 7 つの概念群を示したものである。分析の対象となる単語が同じ段落に含まれていることが、クラスター構成の基礎条件となる。当初のクラスター分析では、近接性が高い単語が樹形図状に表示されるが、表示されたクラスターを更なる分析に用いるためには、その樹形図で示されたクラスターの特徴を反映したコーディングルールを作成し、そのルールに当てはまった段落だけを、概念群の構成要素として読み込むのである。表 3-1 の二列目に表示したのが、各概念クラスターのコーディングルールである。"near"は、複数の単語が近接して現れた場合にこのクラスターに含めることを示す。"&"でつながれた単語は、すべて同じ段落に出現していなければ、その概念クラスターには分類されないが、"|"が用いられている場合は、どちらか一つ出現していれば、そのコードを当てはめることができる。"+"でつながれた単語は、一つの複合語として出現している必要がある。

　こうした分類方法を用いて組成された 7 つの概念群が、表 3-1 の左の列に示した「地域連携活動」「教育制度・行政」「ESD」「市民参加・社会」「能力・力・知識」「大学・研究」「学習指導要領・総合学習の時間」である。出現頻度からいうと、「地域連携活動」や「能力・力・知識」の割合が高いが、これらの概念の出現傾向が時代を経て変わったのか、また、それぞれの概念間の関係がどうなっているのかを細かく見てみよう。

表 3-1　1990 年以降の「持続可能性」と「教育」に関する言説を構成する概念クラスター

概念クラスター	クラスターを構成する単語のコーディングルール	各クラスターに分類された段落数	全体に占める各クラスターの割合
地域連携活動	（ near（充実 - 図る）｜向上　）｜ near（支援 - 活動 - 行う）｜ 学校 + 教育 & near（地域 - 連携 - 推進）	29,673	41.89%
教育制度・行政	near（対応 - 必要 - 場合）｜ near（評価 - 状況 - 方法）｜ near（調査 - 状況 - 方法）｜ near（目標 - 計画 - 事業 - 実施）｜ near（施設 - 設備）｜ near（技術 - 情報）｜ near（活用 - 利用 - 管理）	3,658	5.16%
ESD	near（持続可能 - 開発 - 教育）	1,946	2.75%
市民参加・社会	（ 文化 & 自然 ）｜ near（国際 - 世界 - 日本）｜ near（社会 - 経済 - 生活）｜（ 環境 + 問題 & 行動 ）｜ near（市民 - 参加）｜ near（企業 - 関係）	4,704	6.64%
能力・力・知識	（（ 考える｜学ぶ ）& 力 ）｜（（ 能力｜知識｜理解 ）&（ 育成｜育てる ））｜（（ 自分｜人 ）& 考える ）	20,134	28.42%
大学・研究	（ 大学｜学生 ）&（ 科学｜研究 ）	7,032	9.93%
学習指導要領・総合学習の時間	near（総合 - 学習 - 時間）｜（ 学習 + 指導 & 要領 ）	3,696	5.22%

出所：筆者の分析による

(2) 概念変化のプロセス

個人の能力への関心の高まりと持続可能な社会への貢献

　上述の 7 つの概念群が時系列でどのように変化していったかを示したのが**図 3-1** である。まず、時間の経過とともに出現率が上がった概念、つまり持続可能性との関係で議論されることが増えていった概念は、「能力・力・知識」「ESD」「学習指導要領・総合学習の時間」であった。他方、減少傾向だったものは「大学・研究」「教育制度・行政」である。増えている項目は、どれも児童・生徒が身に着けるべき知識や能力、持続可能性を実現するための価

値観を伝える学校教育の実践や、その指針となる学習指導要など、ミクロな教育現場の課題や学習者個人に関するものである。特に顕著なのは、**学習者の能力や知識に重点を置く傾向**である。これは、SDGs の中で、教育分野を対象とする第四目標（SDG4）が、MDGs やそれ以前の開発目標と一線を画している特徴と連動している。従来は、教育とは、その大部分が学校で、就学年齢の児童・生徒に対して行われるものだという共通認識があり、学校教育制度やそこで行われる教育の質や量を高めることが教育への介入の中心を占めていた。しかし、グローバル化、IT 化、知識基盤社会の深化により、学校教育が社会の知識ニーズに合っていないという批判も多く聞かれるようになった。「学校で学んだ知識だけでは、社会で本当に役に立つことはできない。人々が社会の要請にこたえるためには、学校教育を終えて何年も経っても、自ら学び続け、スキルをアップデートし、社会の中で適切に行動できる

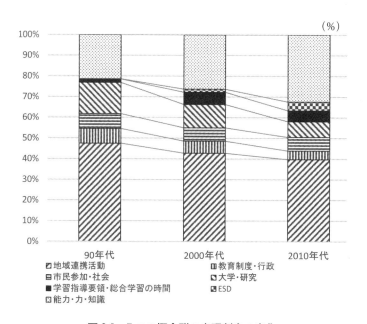

図 3-1 7 つの概念群の出現割合の変化

能力を身に着けることこそが重要である」という意見が多く聞かれるようになった。2020 年に開始された日本の大学入試制度の改革も、教科書の知識の反復ではなく、流動的な社会を生きるための「21 世紀型スキル」としての思考力を評価することを目的としており、こうした世界的な潮流を反映している (文部科学省 2020)。

　昨今、学習者の能力は、主要科目の教科書から学ぶ、いわゆる認知的な内容だけでなく、他者との**社会情動的**な関係性の中で知識を活かして活動したり、生活や仕事で直面する課題を解決したりするために、記憶した知識や経験を総合して判断できる**メタ認知的な能力**も必要だと言われている (勝野 2013)。これらの "認知以外の" 能力を指して、**非認知能力**と総称される。人間が仕事で成果を出すために必要な能力の大部分は非認知的なもので、認知能力の貢献はごく一部だということは、筆者自身を含め、様々な研究者が報告している (Yamada and Otchia 2022; Heckman and Rubinstein 2001)。SDG4 は、7 つのターゲットから構成されるが、そのうち 3 つは教育制度の質や量ではなく、個人の能力に焦点を当てている。すなわち、ターゲット 4 は、雇用に必要な職業的・技術的能力、ターゲット 6 は、読み書きと基礎的計算力 (認知能力)、ターゲット 7 は、持続可能で衡平な社会の実現に貢献するために必要な知識や能力 (非認知能力) の向上を目指す内容である。

　「持続可能性」言説と直接的に関係するのはターゲット 7 であろう。実際、日本政府は、このターゲット 7 に、日本が 2000 年代初頭から UNESCO を通じて国際社会に提唱してきた「持続可能な開発のための教育 (ESD)」という文言を盛り込ませるために、熱心なロビイングをしたのである (Yamada 2016)。SDG4 のターゲット 7 の文面は非常に長い[3]。ここに列挙された人権、ジェンダー平等、平和と非暴力、文化多様性、グローバル市民としての責任などは、それぞれ、その言葉を SDGs に盛り込みたい団体や国家の政治的な駆け引きの結果としてここに記載されている。第 1 章 3 項で述べたように、SDGs が採択されるまでのプロセスは極めて政治的だったのである。

　同時に、ここで指摘したいのは、SDGs、特に SDG4 における「持続可能性」

概念は、環境保全よりは、社会公正や非暴力、文化多様性といった、人間社会とその中で個人が他者と関わる上で求められる社会情動的な能力と行為、そしてその前提となる倫理規範に関する内容になっていることである。すなわち、「教育が人の態度と規範を形成するのだ」という、SDG4形成に関わった教育専門家たちの一定の共通認識が、このターゲット7の文面に表れていると言えるだろう。

　また、こうした「持続可能な社会のための知識や能力の形成」に関する議論は、単に「持続可能性」言説と教育言説が接合しただけでなく、もともと教育専門家の間で高まりつつあった、21世紀を生き抜くために必要な能力（21世紀型スキル、問題解決能力、コンピテンシーなど、様々な名称が用いられる）の形成を目指し、教育の在り方を考え直すべきだという議論の延長上にも位置づいていることが分かる。

教育－研究議論の乖離

　上記のように、学習者の能力形成や、それを実現するためのよりミクロで具体的な文章が多くなっていったのに対し、「地域連携活動」「大学・研究」「教育制度・行政」の概念クラスターは減少傾向にある。90年代に「持続可能性」が論じられ始めたころは、そもそも学校教育との接点があまり認識されておらず、持続可能性を実現するための研究と、研究が行われる場としての大学の役割などが論じられていたことが分かる。第2章2〜3節で「持続可能性」という用語をタイトルに入れている論文の数は、右肩上がりに増加してきたことを示したが、それに比して、教育に関する言説空間は、むしろ大学での研究に言及する文献が減っている。これは、研究の世界が年を追うごとに、理系のラボ的研究に焦点化し、一般の人々の日常から離れていくのとともに、持続可能性に関する教育言説は、それを研究することよりも、子どもや若者に、そうした社会で生きていくための知識や態度を教えることに重点を移していると言える。ミクロな対象への関心の移行に伴い、教育制度や行政といったマクロ的なテーマとの関連も弱まっていっている。

尚、減少しているとはいえ、「地域連携活動」のクラスターが占める割合が一貫して高く、「能力・力・知識」と同等かそれ以上の存在感を示している。この地域連携は、かなり多義的なクラスターのようである。1990年代、日本ではまだ持続可能性が日常的な用語として使われていない頃には、この言葉は、主に途上国の貧困、食料不足、農業の課題などとともに論じられることが多く、その頃にこの「地域連携活動」のクラスターに分類された単語が用いられているのは、「途上国の農村や地域社会も巻き込みつつ、これらの課題を解決するための国際協力をすべきである」といった文章においてである。他方、これが2010年代以降になると、「地域連携活動」は、日本の学校とその周辺社会の関係についての文章で用いられることが多くなる。

単語のネットワークとしての言説

上述の時代ごとの傾向の違いを単語間のネットワーク図で確認してみよう。図3-2 と図3-3 は、それぞれ1990年代と2020-2021年にウェブ上に公開された文書の中で用いられる頻度の高い単語（上位100語）の間の関係性を示したものである。こうした共起ネットワークでは、丸（バブル）のサイズが大きい単語ほど、出現頻度や他の単語とのつながりが強く、そのネットワークの中での存在が大きいことを示す。線のつながりが多面的で多くの単語とつながっているほど、文章の中で、概念間のつながりが深く、他とあまり接点がなく切り離されている場合には、一定の出現頻度はあるものの、単発での記述になっていて、他の概念とつながって、持続可能性と教育の議論の中心的テーマとはなっていないことを示している。

まず一見して、1990年代の共起ネットワークのほうがシンプルで、単語間のネットワークが細かく編み込まれていない印象である。同時に、「学校」「教育」「指導」「学習」など、教育に関わる単語は図の右上に集まっていて、それ以外の大部分は、日本国内のことではなく、途上国の「社会」「経済」「生活」「環境」を支援するための「施設」や「事業」と、その活動を実施する「方法」や「評価」についてである。

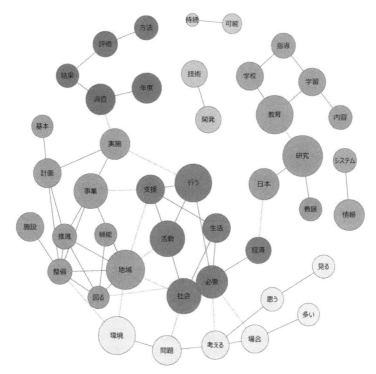

図 3-2　1990 年代の「持続可能性」と「教育」言説の共起ネットワーク

　これに対して、2020-2021 年の共起ネットワークは、単語間をつなぐ線が
重層的に異なる単語同志をつないでいて、段々「持続可能性」と「教育」につ
いての言説の中心テーマが明確になってきていると言える。まず、「持続可能」
と「教育」がかなり密接につながった大きなバブルになっていて、それに近
接して取り巻く単語のなかに、社会課題と教育をつなげて考えようとする傾
向や、地域や学校の連携、社会とのつながりなどへの関心が見て取れる。自
ら考える学習者や、それを教える教師の実践などのミクロかつ日本の実際の
教育現場と地域社会への視線が強くなっていることが分かる。

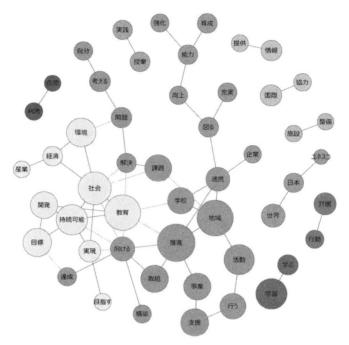

図 3-3　2020-2021 年の「持続可能性」と「教育」言説の共起ネットワーク

4.「持続可能性」と「教育」の認識空間は接合されたのか

　本章では、1990 年代には、ほとんど接点がなく、個別に存在していた「持続可能性」と「教育」の言説空間において、時間の経過とともに、議論される内容が変化していくプロセスを概観した。図 3-1 では、7 つの概念クラスターが占める割合を、図 3-2、3-3 の共起ネットワークでは、90 年代と 2020 年代で、言説に頻繁に出現する単語の関係性の時系列変化を示した。これらの分析から分かることは、「持続可能性」と「教育」に関する議論で用いられる単語は、時間の経過とともにつながりを深めて、接合されていったことである。その中で、当初は途上国の開発課題への支援の問題として、日本の一般の人々の

現実からは切り離されたものだった「持続可能性」が、日本の地域社会と学校、日本の社会課題への個人の関与の必要性とそれに対する教育の役割として認識されていくようになったことが分かった。また、特に2020年代になると、持続可能性と教育の議論は、制度や仕組みの話としてではなく、よりミクロな教育現場の課題として認識されるようになった。特に、持続可能な社会を実現するための次世代である児童、生徒の社会情動的、倫理的な判断と行動力を養成することの重要性が指摘されるようになったのが近年の特徴である。個人の能力に着目する傾向は、知識基盤社会での問題解決能力が21世紀型スキルとして、教育分野では独自に議論が展開してきたが、その流れと持続可能性の言説が接合したのが、まさにこの「能力」に関する議論と思われる。

　尚、本章では詳しく触れなかったが、2020年代の「持続可能性」と「教育」の言説には、コロナ禍が色濃く影響を落としている。感染症のまん延により、突然の学校閉鎖に対応しなければならなかった教育現場の混乱と対策の見えない不安が如実に表れている。コロナ禍に言及した文章は、持続可能性に関するメインストリームの議論とは直接的に絡まないことが多く、概念クラスターや共起ネットワークには表れないが、学校という、同世代の児童・生徒を集めて教育をするという手法の課題が認識されたことが、不安とともに、教育の場における持続可能性という言葉の意味を考えさせるきっかけにもなったと思われる。

　持続可能性の言説空間は非常に広く、しかも日々拡大している。経済活動も社会活動も、マクロもミクロも、時間がたつほど様々な議論が「持続可能性」と接続し、今やこの言葉は途上国や海外の動向に関心が高くない人々の日常にも入り込んでいる。「教育」も、そのように接合した分野の一つであったと言えるだろう。同時に、「持続可能性」といっても、それを実現するのは一人ひとりの人間であり、その価値観を形成する場として、教育が特別の役割を期待されていることは事実であろう。

64

注

1　前章の分析では"Sustainab"で始まる英単語を抽出した（Sustainable, Sustainability など、語尾の異なる同単語の品詞のバリエーションも含む）。日本語ではこうした派生形の類型化が難しいが、形態素解析によって「持続可能」という複合名詞を抽出している。

2　ネットからの文書のダウンロード、テキスト化のために、名古屋大学工学研究科・吉川大弘研究室（現・鈴鹿医療科学大学）の支援を受けた。また、定量テキスト分析には、立命館大学・樋口耕一教授が開発した分析ソフトである Kh Coder を使用した。

3　SDG4.7 の全文は下記の通りである。『2030 年までに、持続可能な開発と持続可能なライフスタイル、人権、ジェンダー平等、平和と非暴力の文化、グローバル市民、および文化的多様性と文化が持続可能な開発にもたらす貢献の理解などの教育を通じて、すべての学習者が持続可能な開発を推進するための知識とスキルを獲得するようにする。』

引用文献

勝野頼彦（編）（2013）『社会の変化に対応する資質や能力を育成する教育課程編成の基本原理』平成 24 年度プロジェクト研究調査研究報告書、東京：国立教育政策研究所。

文部科学省（2020）『大学の入試改革の現状について』https://www.mext.go.jp/content/20200731-mxt_kouhou02-000009140_05.pdf　2022 年 9 月 20 日アクセス.

Heckman, James J., & Yona Rubinstein（2001）. The importance of noncognitive skills: Lessons from the GED testing program. *American Economic Review*, 91（2）, 145-149.

Yamada, Shoko（Ed）（2016）. *Post-Education-For-All and Sustainable Development Paradigm: Structural change and diversifying actors and norms.* London: Emerald Publishing. pp. 392.

Yamada, Shoko and Christian S. Otchia（2022）. "Differential Effects of Schooling and Cognitive and Noncognitive Skills on Labor Market Outcomes: The Case of the Garment Industry in Ethiopia". *International Journal of Education and Training.* Volume26, Issue1, pp. 145-162.

第4章

「サステナビリティ」と「経済」言説の
接合をめぐって
──新聞記事とCSRレポートの計量テキスト分析の試み

仁平典宏・大賀哲・中藤哲也

1. 「サステナビリティ」と「経済」

　本章の目的は、近年の日本において「サステナビリティ＝持続可能性」に関する言葉が、「経済」に関係する言説とどういう関係にあるのか検討し、その変化の方向性を捉えることである。

　ある種の教育言説など規範的な議論では、「サステナビリティ＝持続可能性」概念を無前提で肯定的な価値を帯びたものと捉える傾向がある。実際にはこの概念は多様で相反する立場と接合しているが、脱政治化された形で使用されている。同概念が孕む重要な係争点の一つが経済をどう位置づけるかというものである。そこにどのような争点が存立し、どう不可視化されていったのかという問いは、「サステナビリティ＝持続可能性」概念を理解する上で重要なポイントだと考える。

　環境社会学者の福永真弓は、そのプロセスについて、緊張・対立から相互浸透へという変化として読解可能な整理を提示している (福永 2019)。「サステナビリティ＝持続可能性」への関心が高まったのは1980年代で、その背景には、新自由主義的な構造調整アプローチに主導された経済のグローバル化が、世界規模の深刻な貧困や環境問題を招いたという理解があった。同概念の導入は、この問題を解決する文脈で行われた。1980年に国際自然保護連合 (IUCN) と国連環境計画 (UNEP) による『世界保全戦略』にて「持続可能な開発」が掲げられ、1987年には国連環境特別委員会が最終報告書『わたしたち

共通の未来』の中で「サステナビリティ」を中心的な概念と位置づけた。1992年の「地球サミット」と呼ばれたリオデジャネイロの国連環境開発会議では、「持続可能な開発」を進める基本原則とされた「環境と開発に関するリオ宣言」を始め、アジェンダ 21、森林保全などに関する原則声明が採択された。気候変動枠組条約、生物多様性条約への署名が行われたのもこの時である。環境問題のみならずグローバルに広がった貧困と格差が明確に問題化され、持続可能性と社会正義をより直接的に結びつける「正義を実現する持続可能性（just sustainability）」（Agyeman 2005）を訴える動きが強くなった。

　近年では周知の通り、2015 年 9 月に国連「持続可能な開発のための 2030 アジェンダ」で「持続可能な開発目標（Sustainability Development Goals：SDGs）」が採択された。前身の MDGs の主要な対象が途上国の貧困軽減だったのに対して、SDGs はすべての国の持続可能な開発に貢献するという普遍性を強調するもので、掲げられた目標群も先進国内での取り組みも前提とした多岐にわたったものになっている。

　このような展開を経る中で、「サステナビリティ＝持続可能性」概念は、経済、社会の発展自体を多系的に捉える理念として用いられ、意味を広げられるようになってきた。その中で経済の意味論との関係も強くなっていく。この動きに対し、経済成長の推進に重きを置くもので、「持続可能な開発」もこれまでの開発の亜種にすぎない、という批判も生じるようになった。Mol and Spaagaren はエコロジー的近代化（ecological modernization）という概念でその側面を捉えようとする（Mol and Spaagaren 2000）。それは経済成長と環境汚染・悪化は切り離せると考え、市場、国家、市民社会にエコロジカルな関心を埋め込み、制度とシステムを修正して資本主義の緑化を進めようとする態度や現象のことを意味し、積極的な政策の介入によって経済的、政治的、社会（市民）的領域を調整しながら、再生可能エネルギー市場や環境配慮型商品の市場の発展を促す。これはサステナビリティを経済的価値を生み出すものとして捉え直すもので、ネオリベラリズムとの接合も進む。世界銀行などの国際機関は、その接合を進める役割を果たしていると指摘される（Goldman 2005）。

　本章はこの診断の妥当性に踏み込むものではないが、経済システムとの緊張関係の中で彫琢されてきたサステナビリティ概念が、多様な要素を孕むことで、経済発展を正当化する意味論にも接合されていくという変化は、概念の変容過程として興味深い。実際に、現在日本で政策的に推進されているSDGs においても、経済との関係は重視されている。例えば、国の成長戦略の一環でもある「第5期科学技術基本計画」では持続可能性を成長の要として位置づけている。また「持続可能な開発目標(SDGs)実施指針(改定版)」[1]における「主なステークホルダー」として筆頭に挙げられているのは「ビジネス」であり、次いで「ファイナンス」が来る。以下、市民社会、消費者、新しい公共、労働組合、次世代、教育機関、研究機関、地方自治体と続き、議会が最後である。そのうえで、「ビジネス」については「それぞれの企業が経営戦略の中にSDGs を据え、個々の事業戦略に落とし込むことで、持続的な企業成長を図っていくことが重要である」、ファイナンスについては「SDGs 達成に必要な資金を確保するためファイナンスのすそ野を継続的に拡大していく観点から、SDGs 達成に向けた取り組みを様々な手法で経済活動の中に組み込んでいくことが重要である。公的資金(財政資金等)と民間資金(投融資等)の両者の有効な活用・動員、資金量の拡大・質の充実を考える必要がある」と記載されている。企業の経営や金融市場の中心に SDGs を位置づけていくことが求められている。

　このような状況を踏まえて、福永は次のように述べる。「周知の通り日本では、敗戦からの国家再建時から、開発への強い願望と経済的ナショナリズムに支えられ、国家による長期的観点からの市場への介入と、企業活動と科学技術開発の接合が行われてきた。その開発の系譜に SDGs が位置づけられたことは何を意味するのだろうか。それは、開発概念がサステナブルに書き換えられることを意味するのだろうか。それとも、サステナビリティが変わらず開発主義を動かすための新たなコードとして用いられているだけなのか」(福永 2019, p.137)。この問いは重要であるが、本章では正面から迫ることはできない。ここでは、そのためのささやかな準備作業として、「サステナ

68

ビリティ＝持続可能性」と「経済」に関する言説群がどういう位置関係にあるのか、特に上述の変化を跡づけることができるのか、という問いに対して計量テキスト分析の手法で明らかにしていきたい。

2. 新聞記事の分析から

はじめに、新聞記事を対象として、「サステナビリティ＝持続可能性」に関する言葉の使われ方の変化を捉え、その中で「経済」に関する語群の位置を測定していきたい。具体的には、朝日新聞において「サステナビリティ」及び「自然」に関係する記事において、記載されたイシューとアクターの変化を捉えていく。ここで「自然」という語句も含めて抽出するのは、「サステナビリティ＝持続可能性」概念の起源を考えると、自然環境の危機という問題意識の中で、資本主義や経済との緊張関係が捉えられてきたためである。

記事の収集においては朝日新聞記事検索サービス「聞蔵Ⅱ」を利用した。対象はデジタル版の 1985 〜 2021 年の記事であり、見出しもしくは本文において「持続可能」「持続可能性」「サステナビリティ」「サステナブル」という語句のいずれかと「自然」という語句を共に含むものを抽出した[2]。該当記事数は 2,466 件だった。計量テキスト分析には KH Coder3.Beta.03d を使用し、総抽出語数（使用語のみ）は 1,357,023、異なり語数（同）は 49,752、総段落数は 75,997 だった[3]。時期区分は、初出の 1989 年から 5 年ずつ区切り、2020 年と 2021 年については 2 年のみで 1 カテゴリーとした。

記事数の推移は**図 4-1** の通りである。1992 年に突出した記事数を記録しているという例外のほかは、基本的に近年になるほど増える傾向がある。原発事故の翌年の 2012 年に一度ピークを迎えたあとで一度減少し、2010 年代後半に再び上昇している。

表 4-1 は各時期の特徴を確認するため、各時期区分と関連の高い語を上位 10 語ずつ示したものである。分析単位は記事であり、数値は Jaccard 係数を示す。

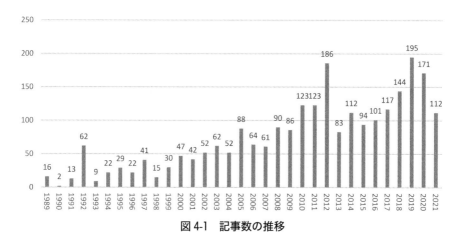

図 4-1　記事数の推移

表 4-1　各時期区分の特徴語上位 10 語 (単位：Jaccard 係数)

1989～94年		1995～99年		2000～04年		2005～09年		2010～14年		2015～19年		2020～21年	
サミット	.227	六月	.178	世紀	.137	環境	.167	原発	.308	持続可能	.265	コロナ	.406
1つ	.224	世紀	.140	参加	.122	地球	.164	エネルギー	.258	人	.238	SDGs	.297
環境庁	.220	環境庁	.104	技術	.120	日本	.159	社会	.228	地域	.234	新型	.269
開発途上国	.199	十二月	.096	問題	.118	自然	.158	事故	.218	世界	.226	ウイルス	.226
公害	.192	土壌	.094	利用	.114	社会	.153	地域	.216	話す	.216	コロナ	.223
援助	.189	運動	.089	システム	.114	温暖	.152	日本	.215	取り組む	.210	感染	.194
熱帯	.180	報告	.086	見直し	.114	必要	.145	人	.209	東京	.205	目標	.170
途上	.179	保全	.086	防止	.113	問題	.144	福島	.208	思う	.198	オンライン	.147
非政府	.170	リサイクル	.085	公共	.113	前	.140	前	.207	使う	.194	話す	.128
先進	.167	大気	.084	科学	.112	世界	.139	考える	.204	教育	.193	開発	.124

注：Jaccard 係数とは、0 から 1 までの範囲で変化し、同じ文書中に出現することが多いコードほど数値は大きくなり、関連が強いことを示す統計量である。

　　1989 ～ 94 年のカテゴリーにおいてサミットという語がトップに来ているが、これは 1992 年のいわゆる「地球サミット」関連の記事によるものである。図 4-1 で 1992 年の記事数が突出していたのもそのためだった。国連で SDGs が採択された 2015 年から 2019 年にかけては「取り組む」「話す」「使う」といった実践に関する語句との共起が目立つのも興味深い。他方で「経済」に関する語句と共起関係が高い時期は見られない。単純に「経済」のプレゼンスが高まっているわけではないようだ。

　　次に対応分析を行った (図 4-2)。分析単位は段落であり、1000 回以上出現した語に限ってある。図は上位 100 語を示している。

70

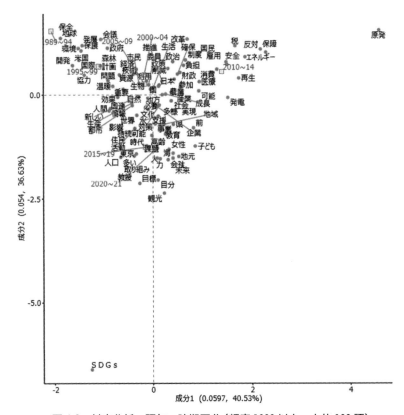

図 4-2　対応分析：語句×時期区分（頻度 1000 以上・上位 100 語）

　成分 1 については、左側に「地球」「米国」「開発」「国際」などの語句が見られる一方で、右側に「原発」「補償」「税」「国民」「雇用」「医療」などが見られ、〈国際的／国内的〉という軸と解釈することが可能だろう。成分 2 の上方には上記の語句の他、「反対」「推進」「政治」「政府」などが、下方には外れ値的な位置の「SDGs」の他、「地元」「取り組み」「自分」「観光」「子ども」「教育」などが見られる。〈政治的／非政治的〉の軸と解釈することができる。
　この中で時期の変化としては、成分 1 に関しては国際的→国内的→中立的と変化し、成分 2 に関しては「SDGs」に引っ張られるかのように政治的→非政治的という推移を示していると見ることができる。「経済」に関する語と

しては「経済」が成分1では0に近く、成分2ではやや上方にある。「企業」は原点付近にあるが、「会社」は下方にプロットされており2010年代後半の位置に近い。

　以上の分析手法は、個々の単語を単位としているため、複数の単語を構成要素とするカテゴリーの変化は捉えられない。そのためイシューとアクターに分けて、注目したいカテゴリーを産出するためのコーディングを行った[4]。イシューに関しては、「教育」「経済」、そして経済の下位カテゴリーとしての「投資」というコードを作成した。「教育」を加えたのは、「経済」の対照群としてである。アクターに関しては「政府・行政」「市民社会」「企業」「国際機関」のコードを設けた。その上で記事単位で、時期区分を独立変数、各コードを従属変数としたクロス集計を実施した。**表4-2**がその結果である。

　はじめにイシューについて見てみると、近年になるほど「持続可能＋自然」のテーマの中で「教育」が取り上げられる確率が高くなる一方、「経済」の割合が相対的に低下していく傾向が見られる。エコロジー近代化などの議論では経済の論理の浸透が示唆されていたが、言説上は経済が直接主題となるような変化が観察されるわけではない。これは同時に、経済システムを問題視

表4-2　時期区分×イシュー・アクターとのクロス集計表

	イシュー			アクター				ケース数
	＊教育	＊経済	＊投資	＊政府・行政	＊市民社会	＊企業	＊国際機関	
1989~94	36 (29.03%)	**91 (73.39%)**	27 (21.77%)	**94 (75.81%)**	50 (40.32%)	51 (41.13%)	**62 (50.00%)**	124
1995~99	50 (36.50%)	**91 (66.42%)**	21 (15.33%)	**102 (74.45%)**	56 (40.88%)	59 (43.07%)	34 (24.82%)	137
2000~04	115 (45.10%)	**165 (64.71%)**	35 (13.73%)	148 (58.04%)	**97 (38.04%)**	110 (43.14%)	44 (17.25%)	255
2005~09	**191 (49.10%)**	230 (59.13%)	58 (14.91%)	202 (51.93%)	**157 (40.36%)**	168 (43.19%)	66 (16.97%)	389
2010~14	**325 (51.83%)**	363 (57.89%)	87 (13.88%)	352 (56.14%)	192 (30.62%)	278 (44.34%)	126 (20.10%)	627
2015~19	**384 (58.99%)**	378 (58.06%)	90 (13.82%)	344 (52.84%)	179 (27.50%)	279 (42.86%)	187 (28.73%)	651
2020~21	**140 (49.47%)**	141 (49.82%)	36 (12.72%)	130 (45.94%)	52 (18.37%)	121 (42.76%)	74 (26.15%)	283
合計	1241	1459	354	1372	783	1066	593	2466
カイ2乗値	56.178**	27.576**	6.718	55.766**	56.600**	0.602	76.736**	
Cramer'V	0.15	0.11	0.05	0.15	0.15	0.02	0.18	

注：アスタリスクはカイ2乗値の結果で、＊＊が有意確率1%水準、＊が5%水準で統計的に有意であることを示している。
　　アスタリスクが付いていない「投資」「企業」コードは、時間に伴う変化が見られなかったことを示す。

するまなざしの後景化も示唆している。なお「投資」カテゴリーには統計的に有意な変化は見られなかった。

　次に、アクターの推移を見てみると、イシューとは異なる側面が見られる。まず目立つのが「政府・行政」「市民社会」がいずれも割合を大きく低下させているという点だ。「国際機関」は一度少なくなるが、2010 年代後半に入って巻き返している。その中で「企業」のコードは、40％強という比較的大きな割合を占め、その値は時期を越えて一定で、割合を全く減らしていない。「政府・行政」「市民社会」の割合が減少する中で、相対的に比重を高めていることが示唆される。

3. CSR レポート分析

　本節ではその企業がサステナビリティ＝持続可能性をどのように捉え、そこにいかなる変化があるのかという問いを検討したい。一般に企業がサステナビリティに関連する活動を行う際、それは CSR（企業の社会的責任）の一環として位置づけられることが多い。よって企業自身が、どのように自らの活動・事業をどう位置づけているのかを捉えるために、CSR レポートを分析することには合理性がある。CSR レポートとは各企業が対外的に自分たちの CSR の活動を喧伝するために作成されたもので、「CSR 図書館 .net」(https://csr-toshokan.net/) というサイトでその多くを取得することができる[5]。

　以下では 2013 〜 2019 年のレポートを対象とした分析を行い、どのような変化が見られるか検討する。具体的には、2021 年 8 月に取得した 645 社・部門の 3636 ファイルのうち、該当する全ての年のデータを含み、PDF からテキスト情報を取り出せた 168 社を分析対象とした (**表 4-3**)。すべての年のレポートを刊行している会社に限定したのは、サンプルの増減に左右されずに時代効果を取り出すためである。

　分析には RStudio ver1.3.1093 を使用し、形態素解析には RMeCab、対応分析には FactoMineR、factoextra のパッケージを用いた。時系列的な変化に注目

したいため、各年の CSR レポートを一つのファイルに統合し、それぞれ形態素解析を行った。**表 4-4** は頻度順に並べたものである。上位の単語は特徴がないため、4000 回以下出現の語のみを対象とした。

その上で、頻度 4000 回以下のうち上位 200 語に対して対応分析を行い、各刊行年をプロットした。それを示したものが**図 4-3** である。

ここでは成分 1 に注目する。原点を挟んで左側に 2013 〜 2015 年、右側に 2016 〜 2019 年がプロットされており、大まかに見て左から右へと推移していることがわかる。左側には「エコ」「地球」「省エネ」「教育」「子ども」といった語句があり、2013 〜 2015 年が比較的近くに位置している。他方で、右側にある 2017 年や 2019 年の値の近くにあるのは「株式」「資本」「株主」など資本市場や、「資産」「売上」「投資」「戦略」などに企業経営に関する語句である。つまり、2013 〜 2015 年には、個別のイシューに関して中心的な収益事業には必ずしも関係しない形で CSR を位置づける傾向があったのに対し、SDGsが採択された以降は、収益事業に内部化した形で CSR を定義づけている可能性がある。そして「持続」という語句が右側に位置していることを考えると、資本市場や収益性への接近という文脈の中に、それが位置づけられている可能性があることが示唆される[6]。

4. 接合の意味とゆくえ

本章では、朝日新聞記事と CSR レポートを対象に、「サステナビリティ＝持続可能性」と「経済」の言説群の関係とその変化を捉えてきた。簡単に知見と含意を確認したい。

まず「サステナビリティ」と「自然」に関係する新聞記事において、「経済」に関するテーマを——批判的にであれ肯定的にであれ——記事の中で取り上げる傾向は減少していた。他方で企業など「経済」のアクターは、サステナビリティにつながる活動の担い手として相対的にプレゼンスを高めていることが示唆された。換言すると、経済の自然環境に対する負の効果やシステム

表 4-3 分析対象の会社

社名	産業	社名	産業
株式会社 ADEKA	化学	古河電気工業株式会社	非鉄金属
あいおいニッセイ同和損害保険株式会社	保険業	古河機械金属株式会社	非鉄金属
味の素株式会社	食料品	芙蓉総合リース株式会社	その他金融業
アルフレッサホールディングス株式会社	卸売業	グリー株式会社	情報・通信業
綜合警備保障株式会社（ALSOK）	サービス業	株式会社ハピネット	卸売業
ANA ホールディングス株式会社	空運業	日置電機株式会社	電気機器
株式会社 安藤・間	建設業	平田機工株式会社	機械
荒川化学工業株式会社	化学	日立建機株式会社	機械
株式会社アサヒファシリティズ	不動産業	北越コーポレーション株式会社	パルプ・紙
旭化成株式会社	化学	ヒューリック株式会社	不動産業
株式会社淺沼組	建設業	株式会社 IHI	機械
アズビル株式会社	機械	国際石油開発帝石株式会社	鉱業
株式会社バンダイナムコホールディングス	その他製品	株式会社イトーキ	その他製品
文化シヤッター株式会社	金属製品	国立研究開発法人宇宙航空研究開発機構	非営利団体
カルビー株式会社	食料品	株式会社 J- オイルミルズ	食料品
キヤノンマーケティングジャパン株式会社	卸売業	JSR 株式会社	化学
シチズン時計株式会社	精密機器	関西ペイント株式会社	化学
日本コカ・コーラ株式会社	食料品	加藤産業株式会社	卸売業
コムシスホールディングス株式会社	建設業	KDDI 株式会社	情報・通信業
コープデリ生活協同組合連合会	卸売業	京阪ホールディングス株式会社	陸運業
コスモエネルギーホールディングス株式会社	石油・石炭製品	渓仁会グループ	
株式会社ダイセル	化学	京浜急行電鉄株式会社	陸運業
ダイキン工業株式会社	機械	大東建託株式会社	建設業
デンカ株式会社	化学	キーウェアソリューションズ株式会社	情報・通信業
DIC 株式会社	化学	川崎重工業株式会社	輸送用機器
株式会社ダスキン	サービス業	株式会社キングジム	その他製品
株式会社荏原製作所	機械	川崎汽船株式会社	海運業
EIZO 株式会社	電気機器	小林製薬株式会社	医薬品
中国電力株式会社	電気・ガス業	コベルコ建機株式会社	機械
NEXCO 東日本	サービス業	コベルコシステム株式会社	情報・通信業
独立行政法人環境再生保全機構	非営利団体	コクヨ株式会社	その他製品
エスペック株式会社	電気機器	国際紙パルプ商事株式会社	卸売業
株式会社協和エクシオ	建設業	共同印刷株式会社	その他製品
株式会社ファーストリテイリング	小売業	京セラ株式会社	電気機器
株式会社フジ	小売業	京都生活協同組合	卸売業
富士電機株式会社	電気機器	九州電力株式会社	電気・ガス業
株式会社フジタ	建設業	九州電力株式会社	電気・ガス業
富士通株式会社	電気機器	株式会社レオパレス 21	不動産業
		リンテック株式会社	その他製品

社名	産業	社名	産業	社名	産業
株式会社前田製作所	機械	生活協同組合パルシステム東京	小売業	鉄建建設株式会社	建設業
前田建設工業株式会社	建設業	ファイザー株式会社	医薬品	東亞合成株式会社	化学
前田道路株式会社	建設業	リンナイ株式会社	金属製品	飛島建設株式会社	建設業
マツダ株式会社	輸送用機器	サンケン電気株式会社	電気機器	東京応化工業株式会社	化学
マツダ株式会社	輸送用機器	三協立山株式会社	金属製品	東京海上ホールディングス株式会社	保険業
株式会社三菱ケミカルホールディングス	化学	参天製薬株式会社	医薬品	東京地下鉄株式会社	陸運業
雪印メグミルク株式会社	食料品	三洋化成工業株式会社	化学	株式会社東芝	電気機器
ミサワホーム株式会社	建設業	サッポロホールディングス株式会社	食料品	東芝キヤリア株式会社	その他製品
三菱自動車工業株式会社	輸送用機器	株式会社札幌ドーム	サービス業	東洋アルミニウム株式会社	非鉄金属
株式会社森組	建設業	サラヤ株式会社	化学	テイ・エステック株式会社	輸送用機器
森永製菓株式会社	食料品	エスビー食品株式会社	食料品	株式会社ツムラ	医薬品
森永乳業株式会社	食料品	SBS ホールディングス株式会社	陸運業	ユニ・チャーム株式会社	化学
株式会社村田製作所	電気機器	SCSK 株式会社	情報・通信業	ウシオ電機株式会社	電気機器
株式会社永谷園ホールディングス	食料品	信越化学工業株式会社	化学	株式会社ワコールホールディングス	繊維製品
NEC キャピタルソリューション株式会社	その他金融業	セコムグループ	サービス業		
NEC ネッツエスアイ株式会社	情報・通信業	セガサミーホールディングス株式会社	機械		
中日本高速道路株式会社	サービス業	住友電気工業株式会社	非鉄金属		
日本ガイシ株式会社	ガラス・土石製品	積水ハウス株式会社	建設業		
日本特殊陶業株式会社	ガラス・土石製品	センコーグループホールディングス株式会社	陸運業		
株式会社ニチレイ	食料品	住友重機械工業株式会社	機械		
日本電産株式会社	電気機器	株式会社島津製作所	精密機器		
日本軽金属ホールディングス株式会社	非鉄金属	新生ホームサービス株式会社	建設業		
日経印刷株式会社	その他製品	株式会社日本触媒	化学		
日本製粉株式会社	食料品	日本信号株式会社	電気機器		
日本曹達株式会社	化学	ソフトバンク株式会社	情報・通信業		
日新電機株式会社	電気機器	住友ベークライト株式会社	化学		
日清食品ホールディングス株式会社	食料品	住友化学株式会社	化学		
日本通運株式会社	陸運業	サンメッセ株式会社	その他製品		
NOK 株式会社	輸送用機器	サントリーホールディングス株式会社	食料品		
株式会社ノリタケカンパニーリミテド	ガラス・土石製品	スズキ株式会社	輸送用機器		
NS ユナイテッド海運株式会社	海運業	住友電装株式会社	電気機器		
NTN 株式会社	機械	太平洋セメント株式会社	ガラス・土石製品		
株式会社大林組	建設業	大成建設株式会社	建設業		
株式会社オカムラ	その他製品	株式会社タケエイ	サービス業		
沖電気工業株式会社	電気機器	株式会社タクマ	機械		
株式会社オリエンタルランド	サービス業	株式会社タムロン	精密機器		
オムロン株式会社	電気機器	TDK 株式会社	電気機器		
OMRON Corporation	電気機器	帝人株式会社	繊維製品		
太平洋工業株式会社	輸送用機器				

表4-4　上位頻出語句

	2013 年	2014 年	2015 年	2016 年	2017 年	2018 年	2019 年	合計
事業	4844	2377	4212	5397	1085	6102	930	24947
グループ	6114	2453	3761	4345	1058	4866	908	23505
環境	5260	1866	4544	3673	423	3978	387	20131
活動	4552	1820	3261	3044	381	3233	281	16572
社会	3285	1454	2434	2808	498	3139	531	14149
経営	1865	808	1515	2360	530	2789	618	10485
企業	2508	982	1759	2024	427	2363	368	10431
管理	2227	892	2057	2142	306	2371	235	10230
推進	2326	896	1635	1775	363	2185	338	9518
当社	1768	725	1523	2034	450	2459	451	9410
取り組み	2150	933	1558	1681	297	1876	288	8783
情報	2035	844	1596	1815	273	1713	196	8472
実施	2173	837	1670	1568	185	1556	143	8132
会社	2015	777	1339	1676	308	1759	251	8125
技術	1449	764	1565	1626	217	2168	152	7941
地域	1963	747	1445	1243	311	1841	360	7910
製品	1916	643	1615	1300	192	1989	211	7866
取締役	852	447	841	1818	648	2655	477	7738
お客様	1835	924	1200	1520	200	1522	153	7354
貢献	1680	719	1272	1330	224	1653	268	7146
開発	1559	702	1261	1275	222	1749	182	6950
向上	1392	568	1045	1350	247	1738	241	6581
価値	972	530	811	1400	332	1751	395	6191
社員	1392	498	1070	1251	225	1549	190	6175
サービス	1190	607	1039	1301	285	1298	300	6020
報告	1461	543	1084	1218	229	1122	242	5899
監査	1275	523	887	1198	278	1480	230	5871
品質	1347	635	1190	1147	115	1318	109	5861
工場	1810	533	1125	1005	84	1160	80	5797
利益	696	438	740	1348	356	1802	269	5649
計画	1203	488	957	1064	185	1394	285	5576
対応	1129	505	1034	1157	214	1276	245	5560
提供	1297	564	940	1062	192	1300	191	5546
システム	1240	485	976	1201	98	1383	131	5514
強化	1026	471	823	1153	263	1351	206	5293
生産	1236	525	964	854	126	1307	139	5151
体制	1120	477	947	1097	189	1091	163	5084
課題	1095	551	933	871	206	1143	253	5052
営業	783	437	719	1210	212	1276	210	4847
業務	1106	453	889	1012	178	1037	168	4843
使用	1345	460	1136	815	80	895	105	4836

	2013 年	2014 年	2015 年	2016 年	2017 年	2018 年	2019 年	合計
成長	736	347	662	977	294	1494	302	4812
支援	1202	501	902	914	144	967	103	4733
目標	1037	315	850	886	197	1209	237	4731
削減	1413	458	948	773	107	871	107	4677
リスク	965	348	795	905	224	1169	177	4583
商品	1143	570	856	942	125	795	116	4547
実現	952	448	723	852	173	1114	192	4454
従業	1219	523	821	840	125	773	92	4393
販売	935	362	771	937	128	1076	97	4306
方針	917	399	873	883	154	872	123	4221
（株）	953	503	649	804	219	914	126	4168
排出	1264	294	982	620	82	823	80	4145
株式会社	832	417	660	941	136	1014	135	4135
継続	996	434	764	807	133	845	94	4073
製造	1160	390	669	693	108	957	95	4072
海外	917	376	755	750	190	912	155	4055
研修	963	341	1047	764	56	754	69	3994
拡大	641	362	569	877	223	1015	226	3913
年度	791	321	523	848	113	853	395	3844
CSR	1078	429	818	702	107	595	115	3844
委員	863	305	635	721	142	952	142	3760
役員	454	259	494	773	275	1210	238	3703
制度	894	358	752	710	99	776	90	3679
売上	408	294	544	870	175	1144	200	3635
戦略	635	240	414	844	267	963	246	3609
改善	869	373	785	737	65	717	62	3608
展開	786	353	614	742	153	835	113	3596
投資	572	247	470	810	177	1097	192	3565
基本	843	312	697	718	120	783	77	3550
世界	869	348	609	578	131	855	117	3507
評価	718	289	709	668	137	853	116	3490
活用	645	296	588	716	116	931	128	3420
マネジメント	710	299	656	660	93	922	80	3420
化学	946	185	645	675	63	841	52	3407
災害	845	313	653	662	73	694	96	3336
労働	816	316	694	487	105	773	81	3272
エネルギー	868	295	703	601	49	696	52	3264
資源	989	356	649	531	67	596	58	3246
執行	459	222	468	670	216	993	198	3226
発生	951	298	596	607	76	626	67	3221
教育	931	343	727	528	67	567	52	3215

78

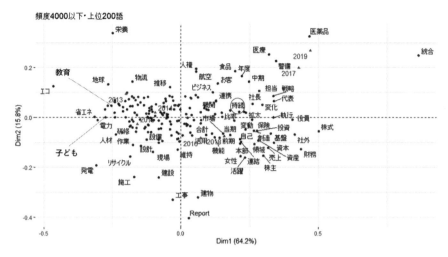

図 4-3　対応分析：語句×刊行年 (頻度 4000 以下・上位 200 語)

選択のような大きな話が後景化し、企業の身近な取り組みがそのまま持続可
能な環境の維持につながるという幸福な機能主義的社会観が浸潤している可
能性がある。増加していた「教育」のテーマも、その文脈と無矛盾的に接続
している側面があるかもしれない。もちろん、企業の行動変容はサステナビ
リティの実現にとって重要なことである。ただそれがどのような形で行われ
るかということは別途検討する必要がある。

　その一端を明らかにする作業として、CSR レポートの分析を行ったが、そ
こから見えてきたことは、企業は、2010 年代半ば以降にかけて、CSR を株
式市場や収益事業との関係で位置づけるようになったということである。「持
続」という言葉も後者の語群に近いところに置かれていた。2015 年の SDGs
の国連採択とそれに伴う日本政府の SDGs 政策は、このような変化に棹さす
ものとなった可能性がある。

　以上のとおり、「サステナビリティ＝持続可能性」と「経済」の言説はある
面では関係を強めていったが、それは「経済成長の是非」といった論点の広
がりという形ではなく、企業がサステナビリティ実現の主要な担い手と見な

されていくと同時に、企業にとってそれが収益につながるものとして位置づ
け直されていくという形においてであった。

　以上の形での接近を、企業の内奥にサステナビリティ＝持続可能性の理念
が埋め込まれたものと見るか、逆に、サステナビリティ＝持続可能性の理念
が経済の論理に侵食されつつある事態と見るかについては、依然問いが開か
れたままである。この問いについては、CSR レポートの精密な読解や、企業
の行動や効果に対する質的・量的な調査など、別の作業が必要になるだろう。
改めて稿を期したい。

注

1　令和元年 12 月 20 日 SDGs 推進本部決定

2　異体語・同義語も検索語に含め、朝夕刊、本紙・地域面、発行社の区別なく全
て対象にしている。

3　形態素解析には「茶筌」を使用した。「持続可能」「持続可能性」「非営利」「非政府」
「市民社会」「市民活動」の語を強制抽出し、キャプションを除外するために「写真」
「説明」の語を強制非抽出にした。

4　コーディングルールは以下の通りである。なお、コードは KHCoder の表記法
に従っている。「教育」：教育 or 子供 or 子ども or 小学校 or 中学校 or 高校 or 専
門学校 or 生徒 or 学生 or 先生 or 教師、「経済」：経済 or ビジネス or 経営 or 産業
or 資本、「投資」：投資 or ESG、「政府・行政」：政府 or 行政 or 自治体 or 国 or 公
務員、「市民社会」：NGO or NPO or 財団 or 市民活動 or 市民社会 or 非営利 or 非
政府 or 運動、「企業」：企業 or 会社 or 産業界 or 経済界、「国際機関」：国連 or
IMF or ユニセフ

5　このサイトは株式会社ブレインズ・ネットワークが運営するもので、2022 年
7 月 22 日現在で、合計 742 社、4232 冊のレポートが PDF ファイル形式で公開さ
れている。

6　なお「サステナビリティ」や「サステナブル」の語は上位 200 語には入っていな
いため、分析には含まれていない。

引用文献

Agyeman, Julian (2005). *Sustainable communities and the challenge of environmental justice*, New York:
New York University Press.

福永真弓 (2019)「サステナビリティと正義—日常の地平からの素描からの理論化にむけて」『サステイナビリティ研究』9：133-149.

Goldman, Michael, 2005, *Imperial Nature: The World Bank and Struggles for Social Justice in the Age of Globalization*, New Haven and London: Yale University Press.

Mol, Arthur and Gert Spaargaren (2000). "Ecological modernisation theory in debate: A review," *Environmental Politics*, 9 (1) : 17-49.

第5章
企業ブランディングとしてのSDGs関連活動が消費者の認知と行動に及ぼす影響
——社会心理学的な実証研究に向けて

唐沢穰・杉谷陽子・柳田航

1. 企業の広報活動とSDGs

　本章の目的は、社会心理学および消費行動論の観点から、企業による「持続可能な開発目標(SDGs)」に関連した広報活動が、消費者の行動と態度にどのような影響を与えるか、またその規定要因となる心理的変数にはどのようなものがあるのかについて、論考することである。第3章において「新しい価値観や態度を育てるという意味での教育」という視点で考える場合、個々人が持つ**態度**、**道徳観**、**倫理性**などについての考察が重要であるという指摘があったが、これらの概念はいずれも、人間の「心性」に関わることがらである。したがって、心理学、分けても社会心理学分野にとって、それらは検証可能な仮説を提供する題材であるに違いない。実際、「態度」の問題が社会心理学にとって重要な研究テーマとしてこんにちに至っていることは周知の通りである。加えて近年では、次節に述べるように、人間が直観的にいだく道徳的判断に関わるさまざまな心理過程や、倫理、公正といった概念について哲学や法の専門家ではない一般人がもつ、素朴理解に関する研究が、盛んに行われている(唐沢 2013)。こうした動向を念頭に置きつつ、SDGs関する素朴理解に対する社会心理学的なアプローチの方法とその可能性について、以下で議論することにする。

　企業が、その「社会的責任」について意識的な取り組みを行い、実践の成果を企業広報に取り入れるようになって久しい(e.g., Kotler & Lee, 2005; 西尾,

82

1999）。具体的には、環境への配慮、人権の尊重、あるいは途上国への支援や貧困の解消を目的とした活動などがそれに含まれ、現在であれば「SDGsのための活動」とされる事項である。企業が、その倫理性や道徳性をアピールする目的には、消費者に対して好印象を与え、購買を促進すること、あるいは、雇用市場におけるイメージ・アップによって優れた人材を確保することなどが含まれる（Berns, et al. 2009; Luo & Bhattacharya 2006; Cowan & Guzman, 2020）（第4章を参照）。単に自社製品の品質の良さ、あるいは金額に見合った価値を訴求するだけでなく、倫理性・道徳性を強調したイメージ戦略と言える。もしSDGs訴求型の広報活動が、こうした戦略的な期待に基づくのだとすれば、はたしてその効果については、どの程度まで実証的根拠が得られているのであろうか。本章の主な目的は、この点を明らかにすることである。

　SDGsに関わる企業の広報活動の内容が、消費者の意識や行動にどのように反映されるかを検証することには、単に企業にとっての処方箋を提供するだけにとどまらない意義がある。旧来型のマスコミやインターネットを介して、大量に発信される情報の中でも、企業の活動に関わる報道や広告は、大きな部分を占める。その受け手は、幅広いデモグラフィック属性をもった、一般人の全般にまでわたる規模である。SDGsをキーワードとした企業からのメッセージを題材に採りつつ、これがどのように受容されるかについて知見が得られれば、それをさらに拡張して、トレンド的な概念の全般について、人々がどのような素朴理解を構成しているのかを調べるための、手がかりが得られるかもしれない。つまり、経営論や環境論の専門家でなくとも、企業と消費者、そしてグローバルな規模での社会のあり方について、素人なりに人々が持っている理解の内容、さらにはその形成過程を明らかにすることができるかもしれない。これは社会心理学、特に社会的認知研究の分野にとって、意義深いアプローチ手法となることが期待できる。

　こうした議論に向けて、以下ではまず、一般の人々が「道徳」についてもつ素朴理解の内容、そしてその心理的基盤について、これまでに蓄積されて

きた社会心理学的な知見の要点を述べる。次にそれをもとに、倫理的広告が消費者の購買意図に及ぼす影響を実証的に検証するための方法を例示する。最後に、この「例題」から得られる示唆について議論をしたのち、それをより学際的な取り組みへと生かす可能性について考察する。

2. 道徳意識の社会心理学的研究

　道徳判断に関する近年の心理学的研究において、最も大きな影響を与えたのが、Haidt（2012）が提唱した道徳基盤理論（Moral Foundations Theory）である。道徳観に関する文化人類学研究と、実験的な検証方法を用いる社会心理学研究を基礎におくこの理論では、人間が善悪の道徳的判断を行う際に基準として用いる領域が、少なくとも5つあると指摘する。すなわち、(1)他者への配慮や擁護を心がけ、危害を加えないこと（Care vs. Harm）、(2)資源の交換は公正に行い、他者を欺かないこと（Fairness）、(3)内集団に忠誠を尽くすこと（Loyalty）、(4)権威、秩序に対して敬意を払い、反逆しないこと（Authority）、(5)神聖、清浄を尊重し、冒涜しないこと（Purity/Sanctity）の5基盤である。このうち(1)と(2)は個人の権利と自主独立による生存に寄与するという意味で「個人尊重」（individualizing）の道徳基盤とされるのに対し、(3)〜(5)は集団の結束とその存続に関わるという意味で、「集団結束」（binding）の基盤と位置づけられる。道徳基盤理論の重要な前提は、個人レベル、集団レベルのそれぞれにおいて生存のために適応的であったこれらの道徳基盤が、モジュール化されて人間には備わっているというものである。そして、どのモジュールが活発に機能するかは、社会的・文化的要因との相互作用によって、個人差あるいは文化差として発現すると説明される。

　道徳基盤理論が心理学に強いインパクトを与えた理由はいくつか指摘できるが、そのひとつが、道徳基盤と政治的イデオロギーとの関連についての、実証的な発見であった。すなわち、欧米圏で「リベラル」あるいは「保守」を自認する各陣営の間には、道徳に関連した差異が見られることを明らかにし

84

たのである (Graham, et al. 2009)。具体的には、リベラル派は、個人志向とされる「擁護・危害」と「公正」を、道徳に関連した問題であると強く認識するが、「忠誠」「権威」「神聖・清浄」の重要性は、道徳とは別の問題として捉えることが明らかになった。それに対し保守派には、5つの基盤の全てを「道徳の問題」として取り上げる傾向があった。また善悪の判断においても、リベラル派は個人尊重基盤への違反を特に強く責めるが、結束基盤への違反には比較的寛容な態度を示したのに対し、保守派には結束基盤への違反を特に強く責める傾向があった。

3. 広告メッセージと道徳判断

　既に述べたように、SDGs との関連を強調する企業広告の主眼は、商品や企業から連想される道徳性・倫理性に関する訴求であると言える (e.g., Berns et al. 2009)。ただし道徳基盤理論の観点から見ると、一概に「道徳性」と言っても、それがどのような道徳基盤に関わるものであるかによって、また、広告に接する消費者がどのようなイデオロギーを持つかによって、訴求の効果が左右されるという可能性が指摘できる。例えば、公正道徳基盤に関連する「フェアトレード」というスローガンは、どちらかというとリベラル派にアピールする可能性がある一方、「地球ファミリー」といった内集団への忠誠に関わる道徳意識への訴求は、保守派に対して有効かもしれない。

　こうした、広告メッセージに含まれる道徳基盤と、消費者側のイデオロギー的志向性とのマッチ・ミスマッチがもたらす影響について、社会心理学的な実験の手法を用いて検証を行った代表的な例が、Kidwell らによる研究である (Kidwell, et al. 2013)。この研究では、リサイクル行動への協力を呼びかける広告を2種類用意して、参加者間にランダムに呈示することによって実験条件を設定した。第1の広告は、主として個人尊重基盤への訴求を図ったもので、リサイクルによって環境への「有害な」影響が取り除かれ、それが他者あるいは社会全体にとって「ケア」や「援助」となることを強調し、また参加

者には個人としてのリサイクルへの取り組みを呼びかける内容だった。一方、第2の広告は、リサイクルが社会の一員としての「義務」や「責任」であること、そしてこれを奨励する指導者の声に耳を傾けるべきだといった、結束基盤に基づく主張をするもので、行動への呼びかけも、環境のために「共に闘おう」といった集団志向のものであった。2種類の広告のうちいずれかを呈示した後、実験参加者が今後リサイクルにどの程度協力しようと思うか（行動意図）を質問紙によって尋ねたり、実際にリサイクルに出した分別ゴミの量を市清掃当局との協力によって計14週間にわたって測定したりした。さらに、これとは別に、各参加者の政治的イデオロギーを測定するため、「死刑制度」「人工妊娠中絶」「銃規制」「同性婚」など7つの争点について、「強く賛成」と「強く反対」を両極とする7段階尺度を用いた回答を求め、その合成得点によって保守－リベラルの個人差も測定してあった。

　結果は、実験参加者のイデオロギー傾向にマッチした広告が、リサイクル行動をより促進する効果をもつことを示した。個人尊重基盤に言及した広告に接した条件の参加者は、リベラル傾向が強い人ほど、リサイクルへの行動意図が高く、実際の分別量も多かった。逆にいうと保守的な参加者ほど、リサイクルへの協力度が低下した。ところが結束基盤に訴求した広告に接した条件では、全く逆転した結果で、保守的であるほどリサイクル志向が強まり、リベラルであるほど低下することが明らかになった。加えて、そもそもの研究の前提である、道徳意識とイデオロギーとの関係についても、これを支持する結果を得た。すなわち、5つの道徳基盤のそれぞれが、どの程度まで道徳の問題である、または、ないと考えるか、そして、各基盤に則った行動をどの程度正しいと判断するかについて個人差を測れるように開発された**道徳基盤尺度**（Moral Foundations Questionnaire）への回答と、上記イデオロギー得点との相関を調べたところ、個人尊重基盤を支持する傾向とリベラル傾向の間、および結束基盤の支持と保守性の間に、それぞれ有意な正の相関が見られた[1]。

　道徳基盤理論では、5つの道徳基盤モジュールが、いずれの文化においても多かれ少なかれ見いだすことのできる、普遍性をもった価値意識であると

想定する一方、どの基盤が特に強い影響力をもつかについての文化的差異の可能性も積極的に主張している。また、5つの道徳基盤が相互にどの程度分化しているのか、あるいは融合しているかについては、文化的背景が示唆されており、特に"WEIRD（Western, Educated, Industrialized, Rich, and Democratic）"と称される以外の層に関する検証の必要性が提唱されている（Atari, et al. 2020; Matsuo, et al. 2019; 村山・三浦 2019）。さらに、「保守」対「リベラル」といったイデオロギーの対立軸についても、欧米社会とそれ以外では、含意される意味内容が異なっている可能性が十分に考えられるのに加え、時代的背景によって変化があることも知られている（遠藤・ジョウ 2019）。したがって、上述のKidwell ら（2013）の研究結果ひとつを取っても、これがどの程度まで他の社会や文化に一般化できるのかについては、実証的検証が必要である。そこで次節では、日本において同様の心理的過程が作用するかどうかを調べるためには、どのような方法が可能であるかを示す実例として、筆者ら自身による試行的研究について述べる。

4. 日本における実証研究の可能性

(1) 実験の目的と方法

　ここでは、Kidwell ら（2013）と同様に、2種類の広告が購買意図に与える影響を調べる一方、これを規定する個人差要因として、保守－リベラルのイデオロギーに関連する態度、そして個人尊重および集団結束道徳意識のそれぞれについて、効果を検証した[2]。

　広告は「環境に配慮した商品」に焦点を絞った。まず、大学生 27 名を対象とした予備調査で、呈示した広告がそれぞれ、どの程度「他人を思いやることの大切さ」「弱い人・困った人を守ることの大切さ」など（個人尊重）を、また「同じ地球に住む仲間を大切にすること」「地球を汚すのは良くないということ」など（集団結束）を訴求しているかについての判断や、購買意図について評定を求めた。その結果、購買意図に大きな差がない広告の中で、個人尊

重基盤への訴求度が高く、かつ集団結束基盤への訴求度が相対的に低いと判断された「購入額が寄付になるコーヒー」と、逆に結束基盤への訴求度が高く個人基盤への訴求度が低いと判断された「竹から作ったトイレットペーパー」についてのウェブサイト上の広告を、それぞれ「個人道徳広告」「結束道徳広告」として、本実験で用いることにした。前者の広告サイトは、コーヒー豆の購入金額が全てアフリカの給食支援に寄付されるというNPO団体のもので、「恵まれない子供たち」への「支援」になるといった、まさに擁護道徳基盤と直接関係する訴求が行われたものであった。一方の結束道徳広告は、当該トイレットペーパーの原材料として使われている竹が、多くの二酸化炭素を吸収する植物であること、製造過程で使われる電力がすべて再生可能エネルギーである水力によるものであることをアピールし、商品についての情報を「大切な人にシェアする」ことを訴求したり、サブスクリプションを「フェロー制度」と称するなど、結束基盤志向の内容であった。

　本実験（参加者：大学生241名）では、広告の影響を増減させる個人差変数、すなわち調整変数（moderator）として各個人の道徳意識を測るため、「日本語版道徳基盤尺度」（金井2013；村山・三浦2019）をもとに作成した縮小版の尺度を用いた。これは、「誰かが精神的に傷ついたかどうか」「社会の伝統的なしきたりに従っていたかどうか」などの10項目（各道徳基盤ごとに2項目）が、それぞれどの程度まで道徳と**関連性**を持つか、そして「苦しんでいる人や困っている人への思いやりは最大の美徳」「自国の歴史を誇りに思う」などの**道徳的価値**について同意する程度を、それぞれ問うものであった（1＝「全く関係ない／同意しない」；6＝「極めて関係がある／同意する」）。また、環境問題に関する各参加者のイデオロギーを測定するために、「環境保護のために経済活動が規制されることは間違っている」「国が取り組むべき課題の中で環境保護の優先順位は極めて高い」のそれぞれについて賛否を尋ねた（1＝「強く反対」；6＝「強く賛成」）。前者への回答得点から後者の得点を減算することにより、得点が高いほど保守性を示す合成変数として分析を行った[3]。

　広告の効果を調べるための従属変数としては、それぞれの広告における商

品について、**品質評価**および**環境よりも品質向上を優先していると認知された程度**を評定するよう求めた (7 段階評定)。また、操作の有効性を確認するために、各広告が「公平・公正であること」「他者の尊厳に敬意を払うこと」など 5 つの道徳基盤それぞれに、どの程度留意したものであったかについて評定を求めた (7 段階尺度)。

(2) 実験の結果

　まず知覚された広告の道徳志向性をもとに、操作の有効性を確認した。「他者への思いやり」「擁護」「公平・公正」の 3 項目への評定の平均値を「個人尊重訴求の知覚」の程度と、また「地球を汚さない」「他者の尊厳への敬意」「仲間を大切に」の 3 項目への評定平均値を「集団結束訴求の知覚」の程度として、条件間の比較を行ったところ、個人尊重訴求については寄付になるコーヒー ($M = 5.12, SD = 0.76$) の方が竹のトイレット・ペーパー ($M = 3.90, SD = 1.01$) よりも高得点であったのに対し、集団結束訴求ではコーヒー ($M = 4.12, SD = 1.02$) よりもトイレット・ペーパーの方が ($M = 4.57, SD = 0.81$) 高得点であった (いずれも $p < .01$)。すなわち、意図した通り、「個人尊重」「集団結束」の各道徳基盤を根拠に訴求した広告であると、それぞれ認知されていたことが確認された。

　次に、道徳基盤に関わる個人差を指標化するため、道徳基盤尺度の関連性および道徳的価値の下位尺度ごとに因子分析を行った。まず**関連性**では 2 因子構造が認められ、第 1 因子が個人尊重基盤に相当すると解釈された。「誰かが精神的に傷ついたか」「不公平な行動か」など「擁護／危害」「公正さ」を代表する項目に加えて、「気持ちの悪くなるようなことをしたか」など「清浄」基盤を表現する項目の負荷量も高かった[4]。第 2 因子は「社会の伝統的なしきたり」「自国への愛」「権威に対する敬意」の 3 項目が高い負荷量を示し、集団結束基盤の因子と解釈された。各因子ごとに負荷量が高かった項目への評定値を平均し、順に個人尊重、集団結束の「道徳関連性評点」として参加者ごとに算出した。

　道徳的価値の評定についても２因子構造が特定され、第１因子は「全ての人が公平な扱いを受けることが重要」や「無防備な動物を傷つけることは最低」などへの同意度で構成される因子であったため「個人尊重」(ただし、ここでも清浄基盤を含む) の基盤因子と、第２因子は「自国の歴史を誇りに思う」「何があろうと家族を大切にする」から成る「集団結束」の基盤因子と、それぞれ解釈された。先と同様、各因子に負荷量の高かった項目への評定値を平均して、２種類の「道徳的価値観評点」を算出した。

　以上をもとに、２種類の広告の効果と、各個人差の調整効果とを検証するため、従属変数ごとに重回帰分析を行った。予測変数としては、広告の種類 (「1 ＝ コーヒー」とするダミー変数) に加えて、「個人尊重」の道徳関連性、「集団結束」の道徳関連性、「個人尊重」の道徳的価値観、「集団結束」の道徳的価値観、環境イデオロギー (保守性) の各主効果、そして広告の種類と各個人差変数との交互作用を全て強制投入した。まず商品の**品質評価**では、広告種類の主効果が有意 (β =-.15, p < .05) で、**図 5-1** からわかるように、全般的に見ればトイレット・ペーパーの方がコーヒーよりも高品質と評価されていた[5]。ただし、

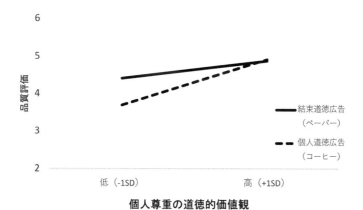

注：図中の「高」「低」はそれぞれ、横軸の変数において平均値よりも１標準偏差だけ
　　高いまたは低い得点の位置を示す。以下の図においても同様である。

図 5-1　広告の種類と個人尊重道徳価値観が商品の品質評価に与える影響

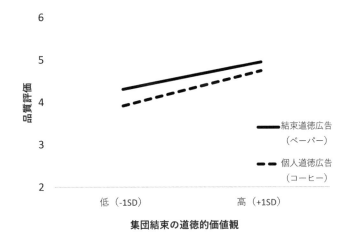

図 5-2　広告の種類と集団結束道徳価値観が商品の品質評価に与える影響

　より重要なことに、これが個人尊重の道徳的価値観との交互作用によって修飾されるものであることが明らかになった（$\beta = .22, p < .01$）。図 5-1 に示されたとおり、個人尊重的価値観が強くなるのに伴って、個人道徳訴求型広告のコーヒーについて、品質評価が向上していた。結束道徳訴求型広告のトイレット・ペーパーについては、個人尊重価値観による差異は見られず、先述のように全般に評価が高かったことと相まって、一貫して高水準の品質評価が行われていた。

　他方、結束道徳に関する価値判断の影響については、広告種類との交互作用は有意ではなく、その主効果のみが有意であった（$\beta = .22, p < .05$）。これは**図 5-2** に見られるように、結束道徳観が強くなるにつれて、トイレット・ペーパーの広告の結束基盤アピールに反応し、品質評価も向上したためであると解釈できる。（ただし、なぜ個人尊重をアピールしたコーヒーの品質評価まで向上したかについては解釈が難しい。）

　次に**品質と環境のどちらを優先した**広告であると知覚したかに関する分析結果を**図 5-3** に示す（縦軸は、得点が高いほど相対的に「品質優先」と、低いほど「環

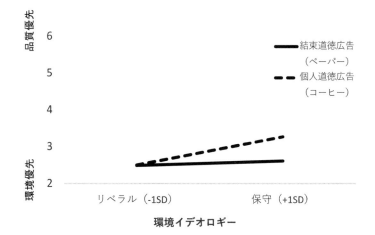

図 5-3　広告の種類と環境イデオロギーが品質 - 環境優先認知に与える影響

境優先」と知覚されたことを意味する）。全般に、寄付になるコーヒーの方が品質優先、逆に言うと、環境への配慮をアピールしたトイレット・ペーパーの方が環境優先と、広告内容を反映した評価であった（広告種類の主効果 β =.15, p < .01）。ただしこの場合は、イデオローにおける個人差と交互作用を持つことが明らかになった（β = .20, p <. 05）。すなわち、環境問題について保守的なイデオロギーを持つ人ほど、コーヒーの広告を品質優先と知覚し、逆にリベラルであるほど環境優先と見なしていた。

　保守ーリベラルの相違は通常、結束基盤をめぐって顕在化しやすいとされるが（Graham et al. 2009）、ここではむしろ、個人基盤訴求型の広告が呈示された条件において道徳基盤の差異による効果が見られた。原因のひとつとして、トイレットペーパーの広告に対する「環境優先」の知覚が、すでに極めて高いレベルに達していたため、リベラル派といえどもこれ以上に極端な評定値が得られにくかった可能性があげられる（図 5-3 に即して言うと一種の「床効果」）。

5. 「SDGs 的な」消費者行動の心理

　社会全体の SDGs への注意と関心が高まる一方、「エシカル消費」といった
言葉が広く流布するに至った昨今、企業の広報活動においても持続可能な開
発目標の達成に対する貢献と、倫理性・道徳性をアピールすることは、欠か
せない事がらになりつつある。こうした動向に対する消費者の意識と行動、
さらにはこれらを取り巻く状況全般に関する一般人の「素朴理解」に関する
心理学的な研究が、北米やヨーロッパを中心に発展を遂げている。ただしそ
の多くは、どのような説得メッセージを、どのような方法で送れば、持続可
能性に寄与する態度や行動へと消費者を導くことができるかといった、説得
研究の枠組みで行われたものであると言える（レビューとして White, et al. 2019
など）。

　これに対し、持続可能性をアピールする企業への評価や、それに基づく購
買意図および行動が、どのように構成されるかに関する研究は、未だに少な
いというのが実情である。この意味で、道徳基盤に関わる価値意識や、これ
と関係するイデオロギー的信念が広告の効果にもたらす影響を調べた Kid-
well ら（2013）の研究は、一つの有用な研究枠組みを提供したものとして重要
である。そして前節で紹介した筆者ら自身による実証的検討は、欧米圏とは
文化的にさまざまな点で異なる日本において、同様の検証を行うことが可能
かどうかを吟味したものである。ただし現段階では、それはあくまでも探索
的・試行的なものに過ぎず、ここで示した結果をもって、何らかの実証的知
見が得られたと主張するには程遠いものである。例えば、実験参加者が大学
生に限られる点や、インターネット調査の様式を用いた「質問紙調査」とい
う方法の限界などは、重要な問題点である。しかし少なくとも、広告効果の
倫理的・道徳的側面や、イデオロギー的信念との関連について、日本の文脈
において実証的検証を行うことがどこまで可能であるか、また、さらに精緻
な研究を行うためには何が必要かについて考えるための、手がかりを示す役
割は果たすであろう。具体的には、主に欧米圏で頻繁に用いられてきた道徳

基盤尺度によって、「個人尊重基盤」「集団結束基盤」といった概念にアプローチすることの可能性と、その限界について、重要な示唆を与えている。また、これも欧米からの移入概念である保守－リベラルのイデオロギー的信念の役割を、日本社会において検証する方法も、ここには例示されている。

　実際、より本格的な実証研究を目指して、方法を精緻化する試みも、すでに成果をあげつつある。杉谷・唐沢(2022)では、大手出版社が毎年行っている企業調査(2次データ)を用いて、企業のSDGsへの取り組みが実際に消費者の企業イメージにポジティブな影響を与えているかを検証した。その結果、企業のSDGsへの積極的取り組みの度合いとエシカルな企業イメージ、および、SDGs取り組み度合いと企業への好意的評価との間には、それぞれ、相関関係は認められなかった。その理由として、消費者の道徳基盤が企業評価を調整している可能性が推測された。そこで、実験による検討を行った結果、個人尊重基盤を持つ消費者は、「企業の環境問題への取り組み」を「製品の品質向上にむけた研究開発」よりも好意的に評価したが、集団結束基盤の道徳意識を持つ消費者においては、環境問題よりも品質向上の研究開発を訴求する方が、好意的に評価されることがわかった(杉谷・唐沢 2022)。

　また、持続可能性を志向する認知や行動に影響を与える変数としては、道徳意識やイデオロギー以外にも、ほかに多くの可能性が考えられる[6]。例えば、「エコロジー派」といった消費者の自己意識、すなわち「社会的アイデンティティー」や「自己カテゴリー化」が、広告品目のカテゴリー属性との交互作用によって消費行動に及ぼす影響が考えられる(Singh, 2016; White, et al., 2019)。ヴェジタリアン、ヴィーガンなど食に関わるアイデンティティーと、持続可能性との関連についても、同様の効果が観察されるかもしれない(Rosenfeld & Burrow 2018)。さらにこの種のアイデンティティーは、消費行動だけでなく、広く環境保全行動の全般に影響を与えることも示されている(Kashima, 2014)。

　ブランド・イメージに基づくカテゴリー化の影響についても、社会的アイデンティティーの観点から考察することが可能である。これについては、消費者側の自己意識だけでなく、「ブランド・パーソナリティー(Aaker, 1997)」

の概念が指し示すように、企業に対して擬人的に認知されるアイデンティティーとの相互関連性についても、SDGs をめぐる文脈での検証が可能かもしれない。このほか、「よい歳をして、こんなものを買うわけにはいかない」「仕事がら、こういうものを身に付ける必要がある」「これはフェミニンすぎて、自分には似合わない」など、年齢、職業や社会的地位、あるいは性別などデモグラフィックなカテゴリーもあれば、「何がトレンディーか」にこだわるトレンド・カテゴリーとのマッチ・ミスマッチの影響も考えられる。

　これらと関連して、社会的カテゴリー化に基づく「内集団・外集団」の関係を考慮することも有用であろう。すなわち、誰かに対する援助・擁護の可能性を訴求する「エシカル広告」において、その「誰か」が消費者から見て内集団・外集団のいずれに相当するか、さらには、内・外集団の境界を超えた「人類全体」の問題なのかなどによって、広告メッセージがもつ意味も、またその影響も、左右される可能性が考えられる (McFarland, et al. 2019)。これらはいずれも、社会心理学の一領域として多くの成果をあげてきた「集団間関係」の問題と関連するものであり、この分野の研究知見を適用する可能性が大いに考えられる。

　本章では、道徳意識、イデオロギー的態度、企業評価、そして購買意図や行動といったマイクロな個人内過程や、個人レベルの行動を主な論考の対象とした。しかし SDGs に関連する企業の広報活動と消費者との相互関係を考えるにあたっては、よりマクロなレベルの過程に関する論考も、欠かすことができない。典型的には方法論的個人主義を旨とすると考えられている社会心理学であるが、そして、よりマイクロな過程に主な関心を寄せているように見える社会的認知の分野においてすら、認知の共有的性質の解明に取り組んだ例は、決して少なくない (Higgins, et al. 2021)。また、共有的な心理システムとしての「文化」を介して、個人と社会的環境および自然的環境との動的関係を理解することによって、持続可能性に関する心理学理論を構築しようとする試みも始まっている (Kashima, 2020)。消費行動論や社会心理学の分野にとどまらず、教育社会学や知識社会学との協働を模索するにあたっては、

こうしたアプローチの成果を積極的に取り入れた心理学的な論考が、今後は必要となるであろう。

注

1　道徳基盤尺度については、Graham, Nosek, Haidt, Iyer, Koleva, & Ditto（2011）を参照

2　ここで言及する実験の実施にあたって名古屋市立大学経済学研究科・竹内真登准教授のご協力を得た。また実験参加者として中京大学心理学部および東北学院大学経営学部の学生諸氏のご協力を得た。実験題材の選定と作成およびデータ分析において、名古屋大学情報学部・川邊陽香氏の補助を得た。いずれも記して深く謝意を表します。

3　このほかにも、移民やジェンダー、軍事などの諸問題に関連する「保守的」「リベラル的」言明への賛否も質問紙には含まれていたが、本章の趣旨とは無関連であるため、これ以降では議論の対象としない。実際、本章で議論する他の変数との関連は、ほとんど見られなかった。

4　北村（2021）が示唆するように、日本文化における清浄基盤の特異な位置づけが、ここに反映した可能性がある。

5　本章における重回帰分析の結果報告で β は全て標準化偏回帰係数を指し、予測変数は全て中心化してある。

6　この点については、教育社会学会における討論を通して、山田肖子氏および仁平典宏氏から多くの示唆を与えていただいた。記して謝意を表します。

引用文献

Aaker, J. L.（1997）. Dimensions of brand personality. *Journal of marketing research*, 34（3）, 347-356.

Atari, M., Graham, J., & Dehghani, M.（2020）. Foundations of morality in Iran. *Evolution and Human Behavior*, 41（5）, 367-384.

Berns, M., Townend, A., Khayat,Z., Balagopal,B., Reeves,M., Hopkins, M. S. & Kruschwitz, N.（2009）. The Business of sustainability: What it means to managers now. *MIT Sloan Management Review*, 51（1）, 20-26.

Cowan, K., & Guzman, F.（2020）. How CSR reputation, sustainability signals, and country-of-origin sustainability reputation contribute to corporate brand performance: An exploratory study. *Journal of Business Research*, 117, 683-693.

遠藤晶久／ウィリー・ジョウ（2019）『イデオロギーと日本政治—世代間で異なる「保

守」と「革新」』新泉社.

Graham, J., Haidt, J., & Nosek, B. A.（2009）. Liberals and conservatives rely on different sets of moral foundations. *Journal of Personality and Social Psychology*, 96, 1029-1046.

Graham, J., Nosek, B. A., Haidt, J., Iyer, R., Koleva, S., & Ditto, P. H.（2011）. Mapping the moral domain. *Journal of Personality and Social Psychology*, 101, 366-385.

Haidt, J.（2012）. The righteous mind: Why good people are divided by politics and religion. Pantheon Books.

Higgins, E. T., Rossignac-Milon, M., & Echterhoff, G.（2021）. Shared reality: From sharing-is-believing to merging minds. *Current Directions in Psychological Science*, 30, 103-110

金井良太（2013）『脳に刻まれたモラルの起源―人はなぜ善を求めるのか』岩波書店.

唐沢穣（2013）「社会心理学における道徳判断研究の現状」『社会と倫理』28, 85- 99.

Kashima, Y.（2020）. Cultural dynamics of for sustainability: How can humanity craft cultures of sustainability? *Current Directions in Psychological Science*, 29, 538-544.

Kashima, Y., Paladino, A., & Margetts, E. A.（2014）. Environmentalist identity and environmental striving. Journal of Environmental Psychology, 38, 64-75.

Kidwell, B., Farmer,A., & Hardesty, D.M.（2013）. Getting liberals and conservatives to go green: Political ideology and congruent appeals. *Journal of Consumer Research*, 40, 350-367.

北村英哉（2021）「穢れと社会的排斥―感染忌避と宗教心の観点から―」,『エモーション・スタディーズ』, 7（1）, 4-12.

Kotler, P. & Lee, N.（2005）. *Corporate social responsibility: Doing the most good for your company and your cause.* John Wiley & Sons, Inc.（恩藏直人監訳（2007）.『社会的責任のマーケティング』,東洋経済新報社.）

Luo, X., & Bhattacharya, C. B.（2006）. Corporate social responsibility, customer satisfaction, and market value. *Journal of marketing*, 70（4）, 1-18.

McFarland, S., Hackett, J., Hamer, K., Katzarska-Miller, I., Malsch, A., Reese, G., & Reysen, S.（2019）. Global human identification and citizenship: A review of psychological studies. *Political Psychology*, 40, 141- 171.

Matsuo, A., Sasahara, K., Taguchi, Y., & Karasawa（2019）. Development and validation of the Japanese Moral Foundations Dictionary. *PLoS ONE*, 14（3）: e0213343

村山綾・三浦麻子（2019）.「日本語版道徳基盤尺度の妥当性の検証―イデオロギーとの関係を通して―」『心理学研究』, 90, 156-166.

西尾チヅル（1999）.『エコロジカル・マーケティングの構図:環境共生の戦略と実践』, 有斐閣.

Rosenfeld, D. L., & Burrow, A. L.（2018）. Development and validation of the Dietarian Identity Questionnaire: Assessing self-perceptions of animal-product consumption. *Appe-*

tite, 127, 182-194.

Singh, J.（2016）. The influence of CSR and ethical self-identity in consumer evaluation of cobrands. *Journal of Business Ethics*, 138（2）, 311-326.

杉谷陽子・唐沢穣（2022）.「SDGsへの取り組みが企業評価に与える影響：個人の道徳基盤との関連性」, 第72回日本商業学会全国研究大会報告論集.

White, K., Habib, R., & Hardisty, D. J.（2019）. How to SHIFT consumer behaviors to be more sustainable: A literature review and guiding framework. *Journal of Marketing*, 83（3）, 22-49.

98

コラム②

倫理学・情報哲学の観点から

久木田水生

　過去において、道徳は、基本的に仲間に対してどれだけ利他的に振る舞うか、自分の所属する集団の目的にどれだけ協調的に振る舞うかという問題だった。私たちの行動の影響が及ぶ範囲は、少なくとも認識できる限りではごく狭く、身近な他者だけを気にかけていれば良かった。しかし現代では科学技術の発達や政治経済のグローバル化によって、私たちの行動の道徳的帰結は身近な集団の範囲では収まらなくなっている。私たちは遠く離れた地球の裏側の人々にはもちろん、生態系のあらゆる構成要素にも、さらには遠い将来の人々や環境にも、道徳的に配慮することを迫られている。しかしそのことは人間の道徳的心理、道徳的感情、あるいは伝統的な道徳規範とはしばしば対立する。そこに SDGs の難しさの一端がある。

　SDGs のもう一つの問題は、そこに理論的な基盤、支柱のようなものが感じられないということである。「持続可能な発展」は規範的な響きを持つ言葉であり、そこで持続させられる対象として想定されているもの、例えば自然環境、経済や産業は存続・発展させる価値が（およそ世界中のすべての人にとって）あるということが前提となっている。そして「SDGs」はゴール、目標であるから、より明示的かつ具体的に、そこに掲げられた数多くのゴール、ターゲットに向かって我々は努力していくべきだ、という義務を表現している。ではその義務はいかなる説得的な根拠をもってかくも大々的に私たちに課されているのだろうか。

　第1-3章で示されているように、この概念が成立して国際社会に認知され、そして日本社会に普及してきたプロセスは複雑である。それは必ずしも原理的な価値に基づき、熟議によってもたらされたものではないようだ。そこにはグローバル化した世界における政治および経済の力学、新しい情報空間における概念形成と伝播のダイナミズムが絡み合っている。SDGs とは多種多様なアクターの思惑がキメラ的な塊として形成され、政府機関や NGO、企業やマスコミ、あるいは教育機関によって広められる間に、曖昧ながら一定のイメージをもって把握されるようになった概念であると言える。

　おそらくSDGsに含まれているゴールや、それらの下に定められている
ターゲットのすべてに反対する人はほとんどいまい。しかしSDGsのすべて
にコミットする人もまたほとんどいないのではないだろうか。SDGsという
包括的な言葉はそういったニュアンスを覆い隠しながらも、ともかくも人
口に膾炙し、一般的にSDGsに肯定的な態度を示すことが安全であるという
空気が醸成されてきている。そうであれば一種の人気商売である企業にとっ
て、SDGsへの取り組みをアピールすることはイメージ戦略の一環として重
要である。しかしながら第4章で示されるように、SDGsは誰からも諸手を
挙げて歓迎されている訳ではない。それどころかSDGsは、特定の思想政治
的傾向——具体的には保守的傾向——の人々からは疎まれているようであ
る。おそらくSDGsから漂うグローバリズムや多様性への配慮の強制、ある
いはお仕着せの規範が突然海外から降ってきたことが、保守的傾向の人々に
嫌悪感を催させるのだろう。個人の思想的傾向や道徳的選好によってSDGs
への企業の取り組みに対する評価が変わるという第4章の示唆は、現代の情
報技術、情報環境を考えると非常に興味深い。

　企業はSDGsに配慮していることをアピールしたいが、そのことはSDGs
に反感を持つ消費者からの評価の低下を招くかもしれない。SDGsはグロー
バルな権威のお墨付きの旗印であり、それに従わないこと（およびそれに従っ
ているという姿勢を示さないこと）は難しい。それゆえに「グリーンウォッシン
グ」や「SDGsウォッシング」といったことが行われるのである。これは企業
が自然環境やSDGsに配慮しているというポーズを見せて、好感を上げよう
とする、あるいは都合が悪い事実から人々の目を逸らせようとすることであ
る。しかしその一方で、SDGsに反発する人々の影響を無視することもまた
難しいだろう。そのために、異なる価値観によって分断された現代の情報空
間の中で、企業は自分たちのSDGsへの取り組みをどの程度、どういう方法
でアピールするかを考えなければいけない。

　一つの解決策は自動化された八方美人戦略——ウェブページを訪問した
ユーザーに合わせて、SDGsへの取り組みの見せ方を変える戦略——であろ
う。つまりターゲッティング広告と同じようなことを、企業そのもののイ
メージ戦略のために使うということである。企業はウェブページの訪問者を
どうにかプロファイリングして、その結果に応じて異なるメッセージを提示
することができるかもしれない。

　相手に応じて自己呈示の仕方を変えるということは、ICTを用いずとも個

人は常にやっていることである。私たちは社会的場面に応じて、自分の役割を演じながら自己呈示を行う。社会学者のアーヴィング・ゴッフマンはこれを「印象マネジメント」と呼んでいる。そして人々は互いの自己呈示から得られる情報に基づいて相手がどのような人間であるか、どのように行動するかを予測しながら、互いに言動を調整して協調的に振る舞っている。

　これからのICTはおそらく、社会的場面における自己呈示と予測と行動調整を次第に機械化・自動化していくだろう。予測の部分についてはすでに人工知能によるプロファイリングが広く使われるようになっている。自己呈示と行動調整に関しては、今後、アバターの技術が発展・普及するにつれて実用化されていくに違いない。企業のウェブページを訪問すると、そこには人工知能によって駆動されたアバターがいてユーザーを出迎える。アバターとやり取りをするうちにユーザーはプロファイリングされて、好感を持ちそうなコンテンツを推薦される、という具合にである。このようにしてこれからの企業や公人は、あるいは私人もまた、ICTの助けを借りながら、SDGsウォッシングや保守ウォッシングを巧みに使い分けるようになるのかもしれない。

おわりに
——私たちは持続可能性という言葉を通して何を見ているのか
山田肖子

　本書では、まず、グローバル社会における大きな思想のうねりとして持続可能性に関するグランドナラティブとその根底にある拮抗する価値について概観した。民主主義思想や人間社会と自然の関係性についての認識論的転換を求めるような価値が内包されているにも関わらず、SDGs が公式に議論される場である国際機関でのやり取りは極めて政治的である。「持続可能性」というキャッチーな言葉を、いかに自らの国や団体の強みにつなげ、引き込むか。SDGs の決定プロセスの分析は、まさに異なる関心を持ったアクター間の空中戦の戦略を読み解く作業であった。そして、その空中戦の背景には、国連システムが依って立つ主権国家の民主的な代表制という制度設計のゆがみや、情報技術の進歩やグローバル化によるアクターの多様化が存在した。

　しかし、このように「持続可能性」といえば、哲学者の形而上的議論か国政舞台での政治的な空中戦で、我々の日常には関係ないように見えていたのは、過去のことなのかもしれない。本書の第 3 〜 5 章の事例分析では、それぞれ、持続可能性という言葉を使った議論やその言葉に対して一般の人々が持つ印象が、非常に具体的で日常的なものになりつつあることを示している。第 3 章は、ウェブ上で発信された文書を「持続可能性＋教育」のキーワードで検索、ダウンロードし、そこに表れる言説を分析した。教育は、人の価値観を形成する場として、持続可能性への貢献が期待されている。この分析では、日本の教育言説参加者にとって、90 年代には、遠い途上国の貧困や食料不足の問題だと思われていた「持続可能性」の実現が、日本の児童・生徒の知識や態度の形成と、そのための教師や地域社会の関与についての議論に変化していると報告している。この変化は、持続可能性の言説が、それに参加する人々の日常の課題として認識されるようになったとともに、日本での

教育に関する議論——21世紀型スキルや問題解決能力——と接合し、日本社会に土着化、内製化してきていることを示している。

第4章は、新聞記事と企業のCSRレポートを分析し、当初、政府や行政などの公的機関や公益的な市民社会団体の領域として扱われていた「持続可能＋自然」のテーマが、2010年代に入って、民間企業を主要アクターとする議論に転換していることを示した。持続可能性の議論がより具体的、現実的になり、企業がサステナビリティ実現の主要な担い手と見なされていくと同時に、企業にとってそれが収益につながるものとして位置づけ直されていった。企業の経済活動への関心の移行とともに、サステナビリティ実現のため、教育や地域との連携が必要といった論点が見出されているのは、第3章の分析結果とも整合する。

第5章では、企業の営利活動を促進する目的で行われる企業広告で、「持続可能性」への貢献がアピールされていたら、消費者の消費行動に影響するのか、という問題関心に基づいて質問紙調査を行った結果が提示された。第5章の調査参加者は、一般の消費者であり、持続可能性の哲学的思索や、SDGs策定の駆け引きともあまり関わりがなく、最近よく耳にするようになった持続可能性について、自分なりの素朴な理解に基づいて行動する。そのなかで、特に個人の尊厳や権利を尊重し、公共益への貢献を重要と考える消費者に対して、企業による持続可能性への貢献アピールは購買意欲を向上させる効果があることが明らかになった。

このように、持続可能性の言説は、この20年間で我々の日常の中に入り込んできた。序章、第1章でも述べたように、持続可能な開発は、社会・経済・環境の3つの領域にわたるテーマである。本書では、教育を中心とした社会的な側面、企業や消費者にとっての経済活動に着目した事例を検討してきたが、ここで本書の冒頭の問題意識に戻ってみたい。我々は「持続可能性」とは何のことだと思っていて、それは、狭いグループ内での特殊な理解でなく、広く一般化した価値になっているのだろうか。この言葉を多くの人が使うようになったことは、同時に、本来この言葉が秘めていた、人間の経済活

動に対する発想の転換や、多様な文化や属性を持った人々の持続可能な共存を目指す民主主義の再解釈の必要といった、本質的な問いを棚上げにしたまま、従来と少しテイストの違う流行りとして取り込まれて終わる可能性も十分に秘めている。脱炭素に貢献する、多様性に配慮する、といった企業広告は、エシカルな消費を促す。それが消費者の満足度を高めつつグローバルな持続可能性の課題に貢献する可能性はもちろん重要である。従来は、グローバルな課題の解決や社会公正を実現するというのは、公的機関やNGOの仕事とみなされてきたものが、営利企業が主要アクターとなりつつあることは、グローバル規範が他人事ではなく、自分事として日常のレベルに下りてきていることも示している。その一方で、広大な領域にわたる「持続可能性」言説は、個別分野に分断され、科学的な研究論文の世界、教育関係者の世界、企業の世界、消費者の世界のそれぞれが自らの前にある現実に即して、独自の素朴理解を形成しているにすぎないのかもしれない。

　本書冒頭で、「持続可能性」は、道義的な行動を求める用語であると述べた。しかし、我々の言説分析の結果は、その道義性の向かうべき方向のあいまいさと、営利活動にそれを取り込んだ結果として、利害が対立する場合に調整するメカニズムが現代のグローバル社会ではむしろ弱体化している現実も示すこととなった。ネットを通じて、現実には会ったことがない人々の間で共有化される価値は、放っておけば何等かの共通の規範に収れんするのであろうか。大国間の利害の対立、深刻化する格差を前に、途上国に脱炭素経済を求めることが持続可能性につながるのだろうか。

　本書はこうした問いに対する答えを示すことはできない。なぜなら、言説を通じて規範を共有するのは個人の集合体であり、その個人はサイバー空間でセル化していて容易に共通の価値に根ざした社会を形成しなくなっているるからである。いかに規範を共有するか、それをいかに制度化するか。分断された言説空間をつなぎ、そうした本質的な価値が議論される場を形成する可能性につき、議論を深めていけることを願っている。

　最後に、本質的な価値の議論がなされにくく、素朴理解の応酬のペースだ

けが加速化している現代において、本書が試みたような言説分析は、人々の気づきを促す客観的エビデンスを提供する可能性を秘めている。研究分野として、知識社会学や批判的言説分析は退潮しているようにも思われる。しかし、大量情報発信の時代にこそ、新しい手法を凝らした言説分析が必要であることを指摘して、本書を締めくくりたい。

105

索引

アルファベット

AI ……………………………… 36, 45
CSR=Corporate Social Responsibility … i, viii, 72, 79
CSR（企業の社会的責任）…………………… 72
CSR レポート分析………………72, 78, 102
IT ……………………………… 53, 57
MDGs …………4, 5, 16-19, 23, 24, 32, 46, 57, 66
NGO………… 4, 16, 17, 23, 24, 33, 52, 79, 98, 103
SDGs（持続可能な開発目標）…… i-iii, v-viii, 4, 9,
　16-19, 21, 23, 24, 32, 37, 38, 45, 46, 50, 52, 57,
　58, 66, 67, 69, 70, 73, 78, 79, 81, 82, 84, 92-94,
　98-102
SDGs ウォッシング……………………99, 100
SNS での意見…………………………… 23
Web of Science ………35, 36, 38, 41, 43, 44, 51, 54
WEIRD（Western, Educated, Industrialized,
　Rich, and Democratic）…………………… 86

あ行

アクター……4, 16, 23, 24, 68, 71-73, 98, 101-103
アジェンダ 21 ……………………………… 66
アドボカシー………………………… 17, 18
アマルティア・セン………………… 12, 15
アルゴリズム……………………………… 53
意思決定……………… 16, 17, 19, 23-25, 42
イデオロギー…………… 15, 84-87, 89, 91-94
意味…… 6, 8, 12, 14, 18, 21, 23, 25, 31-34, 37, 45-47,
　49, 51, 52, 63, 66, 67, 73, 81, 83, 86, 91, 92, 94
意味論……………………………51, 66, 67
印象マネジメント……………………… 100
インターネット………………34, 35, 82, 92
営利活動…………………………i, ii, 102, 103
エコ ……………………………………… 73
エコロジー的近代化（ecological modernization）
　………………………………………… 66
エシカル広告……………………………… 94
エシカル消費……………………………… 92

か行

エネルギー………………………24, 41, 66, 87
温暖化……………………………ii, 5, 17
オンライン……………………23, 36, 45, 52

外交……………………………14, 20, 22, 23
解釈主義………………………………… 32
外集団…………………………………… 94
概念……ii-viii, 3, 4, 6, 7, 9, 15, 16, 18, 25, 33-37, 43,
　45-47, 51, 52, 55, 56, 59, 60, 62, 63, 65-68, 81, 82,
　93, 94, 98
開発や貧困削減…………………………… 4
科学技術………………………25, 42, 67, 98
格差……………………………7-10, 22, 66, 103
学習指導要領………………ii, 9, 14, 49, 50, 55, 56
学習者…………………………… 50, 57-59, 61, 64
学術……………………………35, 36, 41-44, 54
価値観…… ii, iv, v, 9, 14, 16, 18, 31, 35, 47, 49, 57,
　63, 81, 89, 90, 99, 101
学校………ii, iii, vi, 9, 14, 33, 50, 51, 56, 57, 59, 60,
　61, 63, 79,
ガバナンス………………………7, 22, 24, 25
環境…………iii, vi, 4, 10-13, 16, 19, 24, 26, 38-43,
　46, 47, 59, 66, 78, 82, 84-86, 88-91, 94, 98, 102
環境学……………………………38, 39, 41
環境と開発に関する国際連合会議（United
　Nations Conference on Environment and
　Development: UNCED；通称「地球サミット」
　……………………………………………… 3
環境と開発に関する世界委員会（World
　Commission on Environment and Development:
　WCED）………………………………… 3
環境と開発に関するリオ宣言………………… 66
環境保護……………………………… iii, 46
環境保全……………………………… 59, 93
環境問題……………………ii, 65, 66, 87, 91, 93
関係性…… 12, 13, 26, 31, 49, 51, 52, 58, 60, 62, 101

106

キーワード……………………51, 53-55, 82, 101
企業…… i-iii, viii, 10, 11, 16, 18, 21, 22, 24, 25, 33-36, 41, 43, 47, 53, 67, 71-73, 78, 79, 81, 84, 92-94, 98-100, 102, 103
企業ブランディング……………………… 81
気候変動……………………… 3, 24, 41
気候変動枠組条約……………………… 66
技術革新……………………… 10, 45
技術進歩……………………… 42
機能主義……………………… 78
規範………viii, 6, 16, 20, 23, 45, 59, 65, 98, 99, 103
教育……ii, vii, viii, 4, 6, 7, 9, 14, 17, 19, 23, 24, 27, 32, 38, 40, 41, 43, 45-47, 49-52, 54-65, 67, 70, 71, 73, 78, 79, 81, 98, 101-103
共起……………………… 38, 55, 69
共起性……………………… 38, 52, 55
共起ネットワーク………………………60-63
教師……………… 33, 50, 51, 61, 79, 101
共時的……………………… 34
共通認識……………… iv, 33, 57, 59
近接性……………………… 52, 55
近代化論……………………… 6, 7
クラスター分析……………………… 55
グリーンウォッシング……………………… 99
グリーン・ビジネス……………………… 11
グローバル化…………5, 57, 65, 98, 101
グローバル・ガバナンス…………… 5, 6, 16
グローバル市民…………… 14, 58, 64
経営……………… 38, 41, 67, 73, 79, 82, 95
経済……i, ii, vi, viii, 6, 8, 10, 11, 14, 15, 19-22, 25, 38, 40-43, 46, 60, 65, 67-71, 73, 78, 79, 98, 102
経済活動……ii, 10, 11, 13, 18, 22, 40, 42, 63, 67, 87, 102
経済システム……………………vi, 25, 67, 71
経済成長…………… vi, 19, 22, 27, 66, 78
経済発展…………… 5, 6, 46, 47, 67
経年的な変化……………………… 47
計量テキスト分析…………………… viii, 68
結束道徳観……………………… 90
権威……………49, 83, 84, 88, 99
言語学……………………… vi
現象学……………………… vi, 44

言説………ii, vii, viii, 19, 38, 39, 41, 43, 47, 51-54, 58-63, 65, 68, 71, 73, 78, 101-103
言説分析………… 31, 42, 43, 51-53, 104
工学系……………………… 39
交換……………… 8, 14, 31, 40, 83
広告……………… viii, 36, 41, 43, 82-94, 99, 102
公正……………… 81, 83, 84, 88, 103
構造調整……………………… 22, 65
行動変容……………………… 18, 78
購買……………i, 82, 83, 86, 92, 94, 102
公平……………………… 88, 89
衡平性……………… 6, 7, 9, 10
合理主義……………………… 11
合理的……………… i, 11, 15
合理的な経済人…………… 10, 12
国際機関……… 3, 16, 17, 21, 22, 32, 37, 47, 66, 71, 72, 79, 101
国際自然保護連合 (IUCN)……………… 65
国連……… v, 3-6, 14-17, 19-25, 27, 32, 35, 38, 42, 52, 66, 69, 78, 79
国連環境計画 (UNEP)……………… 65
国連環境特別委員会……………… 65
国連サミット……………… ii, 4, 37
個人主義……………… 11, 25, 94
国家……5, 7, 8, 14, 17, 19, 21-25, 32, 34, 58, 66, 67
子ども…………9, 10, 49, 59, 70, 73, 79
コミュニケーション……………… 44, 52
コモンズ……………… 15, 27
雇用市場……………… 82
コロナ……………… 23, 63
コンピテンシー……………… 59

さ行

ジェンダー平等……………… 4, 58, 64
資金…………… 6, 9, 17, 34, 38, 67
資源…………iii, 3, 5, 7, 10-13, 38, 41, 46, 83
市場…………… 15, 66, 67, 73, 78, 82
自然…………… 3, 7, 10-12, 26, 40-42, 46, 49, 68, 71, 73, 94, 101, 102
自然環境…………… 10, 68, 73, 98, 99
持続可能な開発……… 4, 26, 31, 40, 64-66, 92, 102
持続可能な開発サミット…………………4

持続可能な開発のための教育（Education for
  Sustainable Development＝ESD）…50, 51, 54, 58
実証……………………… 35, 47, 82, 83, 86, 92
実証研究…………………………………… 93
実証主義………………………………… 32
実存（Ontology）………………… 18, 19, 34
資本市場…………………………………… 73
資本主義……………………………… i, 66, 68
市民社会………… 3, 24, 66, 67, 71, 72, 79, 102
社会…… i, ii, iv-viii, 6, 7, 9-12, 14, 25, 26, 32-34, 38,
  40-43, 45, 47, 49, 50, 55, 57-61, 63, 66, 82, 84-88,
  92-94, 100, 102, 103
社会学………………………………… viii, 8, 38
社会公正………………………………… 59, 103
社会構造……………………………… vi, 35, 44
社会情動………………………………… 58
社会心理学………………… vi, viii, 81-84, 94
社会的認知研究…………………………… 82
集団結束………………… 83, 86-89, 93
集団結束道徳意識………………………… 86
授業…………………………………… vi, 9, 50
消費者… i, 11, 43, 47, 67, 81-84, 92-94, 99, 102, 103
消費者行動………………………………… 92
情報技術……………… vii, 19, 23, 99, 101
人権…………………… 23, 27, 58, 64, 82
新自由主義…………………………… 21, 65
人新世……………………………… 13, 42
新マルクス主義………………………………… 7
信頼………………………………… 8, 9, 42
心理学………………… 31, 38, 81, 83, 92, 94, 95
人類学……………………………………… 8
生活世界………………… 26, 34, 41, 43
政策………………… 16, 22, 36, 47, 66, 67, 78
政治…… 6, 8, 14, 15, 19, 20, 32, 42, 58, 66, 70, 83,
  85, 101
政治学……………………………………… 8
政治経済………………………………… 98
政府…… 6, 8, 10, 16, 17, 21, 49, 50, 52, 58, 70, 78, 98
政府・行政………………… 71, 72, 79, 102
生物多様性条約………………………… 66
『世界保全戦略』………………………… 65
世代間………………… 6, 7, 9, 10, 13

世代内………………………… 6, 7, 9, 10
先進国…… v, 6, 7, 9, 13, 19, 20, 22, 26, 52, 66
贈与……………………………… 8, 9, 14
素朴理解………………… 81, 82, 92, 103

た行

脱炭素……………………………… 38, 103
地域‥ vii, 5, 6, 14, 17, 33, 55, 59-61, 63, 79, 101, 102
地球…… 3, 5-7, 10, 12, 14, 27, 70, 73, 84, 86, 88, 98
地球温暖化………………………………… 9, 10
地球規模……………………………… 5, 15
地球サミット………………… 3, 37, 66, 69
知識…………………………… ii, vii, 50
知識基盤社会…………………………… 57
知識社会学………………………………… vi
秩序………………………… 20, 23, 83
忠誠……………………………… 83, 84
通時的………………………… 34, 35
通信技術………………… 24, 32, 52
定量テキスト分析………………… 44, 51, 64
データ… 7, 32, 35, 42, 51, 72, 93, 95
データベース………………… 35, 36, 44
哲学… 8, 13, 15, 38, 42, 81, 101, 102
デモグラフィック属性…………………… 82
伝統知…………………………………… 26
天然資源………………………………… 46
道義的………………… 10, 40, 50, 103
投資…………………… 8, 71-73, 79
道徳………… 50, 81-90, 92-94, 98, 99
道徳基盤尺度………… 85, 88, 92, 95
道徳基盤理論………… 83-85, 84
道徳的価値の評定………………………… 89
道徳的判断………………… 81, 83
途上国…… v, 4, 6-9, 13, 15, 16, 19-22, 27, 46, 51, 52,
  60, 62, 63, 66, 82, 101, 103
トレンド・カテゴリー……………………… 94

な行

内集団………………… 83, 84, 94
ナラティブ………… 3, 25, 31, 34, 35, 101
二酸化炭素排出……………………………… 9
21世紀型スキル………… 58, 59, 63, 102

人間······ iii, viii, 5, 7, 10-16, 25, 26, 31-33, 40-42, 49, 50, 58, 59, 63, 81, 83, 98, 100-102
認識 (Epistemology)······························ 34
認識空間······································ v, viii, 62
認識上の空間····································· viii, 37
認識的空間······································ 33
認知·················· 18, 44, 58, 88, 93, 94, 98
ネオリベラリズム································· 66
ネット······································· vii, viii, 23
ネットワーク化する······························ 23
能力·························· ii, 5, 12, 50, 56-60, 63

は行

ハビタス·· 44
ビジネス····················· 11, 22, 42, 67, 79
ビッグデータ······························· vii, 41
非認知能力······································ 58
批判的言説分析··················· 31, 35, 53, 104
貧困····· 9, 10, 13, 20, 27, 46, 60, 65, 66, 82, 101
貧困削減······························· ii, 4, 17, 22
品質···································· 82, 88-91, 93
品質評価··88-90
頻度···························38, 52, 55, 60, 73
ファイナンス···································· 67
福祉国家·· 22

ブランド・パーソナリティー··················· 93
「ブルントラント報告書」··················· 3-6, 35
文化········· 26, 27, 31, 64, 83, 85, 86, 92, 94, 95, 103
文化多様性······································ 58, 59
平和·· ii, 58, 64
保守··················· 83-87, 89, 93, 95, 99, 100
ポスト構造主義································· 44

ま行

マスコミ······································ 82, 98
メタナラティブ································· 43
メタ認知·· 58
問題解決能力···························59, 63, 102

や行

ユネスコ······································ 50, 51

ら行

リオ＋20サミット··············· 4, 5, 16, 18, 24
力学··············· 16, 19, 21, 25, 31, 35, 98
リサイクル···································· 84, 85
リベラル···························· 83-86, 91, 93, 95
リベラル・アーツ論···························· 45
倫理···············14, 15, 59, 63, 81-84, 92
労働組合·· 67

執筆者紹介

〈編者・はじめに・第1章・第2章・第3章・おわりに〉
山田　肖子――奥付参照

〈第4章〉
仁平　典宏――東京大学大学院教育学研究科・教授　社会学
大賀　哲――九州大学大学院法学研究院・准教授　国際政治学
中藤　哲也――中村学園大学栄養科学部・准教授　情報科学

〈第5章〉
唐沢　穰――名古屋大学大学院情報学研究科・教授　社会心理学
杉谷　陽子――上智大学経済学部・教授　消費者心理学
柳田　航――㈱Sun Asterisk

〈コラム1〉
松浦　良充――慶應義塾大学文学部・教授　教育哲学

〈コラム2〉
久木田　水生――名古屋大学大学院情報学研究科・准教授　情報哲学

編著者
山田 肖子（やまだ しょうこ）

名古屋大学大学院国際開発研究科・教授　教育社会学、国際開発学
アフリカでのフィールドワークを通じた知識形成と知識の社会的意味についての
研究を行う傍ら、国際開発にかかわるグローバルな言説分析を継続してきた。
おもな著書に『Post-Education-For-All and Sustainable Development Paradigm: Structural
change and diversifying actors and norms』（単編著、Emerald）、『途上国の産業人材育成：
SDGs 時代の知識と技能』（共編著、日本評論社）ほか。

「持続可能性」の言説分析
——知識社会学の視点を中心として——

2023年6月10日　　　初　版第1刷発行　　　　　　　　　　　　　　　　〔検印省略〕
　　　　　　　　　　　　　　　　　　　　　　　　　　　　定価はカバーに表示してあります。

編著者©山田肖子／発行者　下田勝司　　　　　　　　　印刷・製本／中央精版印刷

東京都文京区向丘 1-20-6　　郵便振替 00110-6-37828　　　　　　　　発 行 所
〒 113-0023　TEL (03) 3818-5521　FAX (03) 3818-5514　　株式 東 信 堂
　　　　　　Published by TOSHINDO PUBLISHING CO., LTD.
　　　　1-20-6, Mukougaoka, Bunkyo-ku, Tokyo, 113-0023, Japan
　　　　E-mail : tk203444@fsinet.or.jp　http://www.toshindo-pub.com

ISBN978-4-7989-1830-3 C3030　　© YAMADA Shoko

東信堂

「持続可能性」の言説分析
――知識社会学の視点を中心として

山田肖子編著 一八〇〇円

地域子ども学をつくる
――災害、持続可能性、北欧の視点

責任編集 天童睦子／足立智昭 一八〇〇円

応答する〈生〉のために――〈力の開発〉から〈生きる歓び〉へ
――生・経験・意味生成

高橋勝 一八〇〇円

子どもが生きられる空間

高橋勝 二四〇〇円

流動する生の自己生成
――教育人間学の視線から

高橋勝 二四〇〇円

子ども・若者の自己形成空間
――教育人間学の視界

高橋勝編著 二七〇〇円

温暖化に挑む海洋教育
――呼応的かつ活動的に

田中智志編著 三二〇〇円

人格形成概念の誕生
――近代アメリカの教育史

田中智志 三六〇〇円

社会性概念の構築
――アメリカ進歩主義教育の概念史

田中智志 三八〇〇円

教育哲学のデューイ
――連環する二つの経験

田中智志編著 三五〇〇円

学びを支える活動へ
――存在論の深みから

田中智志編著 二〇〇〇円

グローバルな学びへ
――協同と刷新の教育

田中智志編著 二〇〇〇円

大正新教育の思想
――生命の躍動

橋本美保・田中智志編著 四八〇〇円

大正新教育の受容史

橋本美保編著 三七〇〇円

大正新教育の実践
――交響する自由へ

橋本美保・田中智志編著 四二〇〇円

いま、教育と教育学を問い直す
――教育哲学は何を究明し、何を展望するか

森田尚人・松浦良充編著 三三〇〇円

教員養成を哲学する――教育哲学に何ができるか

下司晶・古屋恵太編著
林泰成・山名淳・ 四二〇〇円

越境ブックレットシリーズ

⓪教育の理念を象る――教育の知識論序説

田中智志 一二〇〇円

①知識論――情報クラウド時代の "知る" という営み

山田肖子 一〇〇〇円

②女性のエンパワメントと教育の未来
――知識をジェンダーで問い直す

天童睦子 一〇〇〇円

③他人事≒自分事――教育と社会の根本課題を読み解く

菊地栄治 一〇〇〇円

④食と農の知識論――種子から食卓を繋ぐ環世界をめぐって

西川芳昭 一〇〇〇円

※定価：表示価格（本体）＋税

〒113-0023　東京都文京区向丘 1-20-6　TEL 03-3818-5521　FAX03-3818-5514
Email tk203444@fsinet.or.jp　URL:http://www.toshindo-pub.com/